"十二五"国家重点图书出版规划项目

中国史话

文化系列

兴义一中史话

A Brief History of Xingyi No.1 Middle School

王甫尤 王必盛 主编

社会科学文献出版社
SOCIAL SCIENCES ACADEMIC PRESS (CHINA)

《中国史话》编辑委员会

《兴义一中史话》编辑委员会

总　序

　　中国是一个有着悠久文化历史的古老国度，从传说中的三皇五帝到中华人民共和国的建立，生活在这片土地上的人们从来都没有停止过探寻、创造的脚步。长沙马王堆出土的轻若烟雾、薄如蝉翼的素纱衣向世人昭示着古人在丝绸纺织、制作方面所达到的高度；敦煌莫高窟近五百个洞窟中的两千多尊彩塑雕像和大量的彩绘壁画又向世人显示了古人在雕塑和绘画方面所取得的成绩；还有青铜器、唐三彩、园林建筑、宫殿建筑，以及书法、诗歌、茶道、中医等物质与非物质文化遗产，它们无不向世人展示了中华五千年文化的灿烂与辉煌，展示了中国这一古老国度的魅力与绚烂。这是一份宝贵的遗产，值得我们每一位炎黄子孙珍视。

　　历史不会永远眷顾任何一个民族或一个国家，当世界进入近代之时，曾经一千多年雄踞世界发展高峰的古老中国，从巅峰跌落。1840年鸦片战争的炮声打破了清帝国"天朝上国"的迷梦,从此中国沦为被列强宰割的羔羊。一个个不平等条约的签订,不仅使中国大量的白银外流,更使中国的领土一步步被列强侵占,国库亏空,民不聊生。东方古国曾经拥有的辉煌,也随着西方列强坚船利炮的轰击而烟消云散,中国一步步堕入了半殖民地的深渊。不甘屈服的中国人民也由此开始了救国救民、富国图强的抗争之路。从洋务运动到维新变法,从太平天国到辛亥革命,从五四运动到中国共产党领导的新民主主义革命,中国人民屡败屡战,终于认识到了"只有社会主义才能救中国,只有社会主义才能发展中国"这一道理。中国共产党领导中国人民推倒三座大山,建立了新中国,从此饱受屈辱与蹂躏的中国人民站起来了。古老的中国焕发出新的生机与活力,摆脱了任人宰割与欺侮的历史,屹立于世界民族之林。每一位中华儿女应当了解中华民族数千年的文明史,也应当牢记鸦片战争以来一百多年民族屈辱的历史。

当我们步入全球化大潮的 21 世纪,信息技术革命迅猛发展,地区之间的交流壁垒被互联网之类的新兴交流工具所打破,世界的多元性展示在世人面前。世界上任何一个区域都不可避免地存在着两种以上文化的交汇与碰撞,但不可否认的是,近些年来,随着市场经济的大潮,西方文化扑面而来,有些人唯西方为时尚,把民族的传统丢在一边。大批年轻人甚至比西方人还热衷于圣诞节、情人节与洋快餐，对我国各民族的重大节日以及中国历史的基本知识却茫然无知，这是中华民族实现复兴大业中的重大忧患。

中国之所以为中国，中华民族之所以历数千年而不分离，根基就在于五千年来一脉相传的中华文明。如果丢弃了千百年来一脉相承的文化，任凭外来文化随意浸染，很难设想13亿中国人到哪里去寻找民族向心力和凝聚力。在推进社会主义现代化、实现民族复兴的伟大事业中，大力弘扬优秀的中华民族文化和民族精神，弘扬中华文化的爱国主义传统和民族自尊意识，在建设中国特色社会主义的进程中，构建具有中国特色的文化价值体系，光大中华民族的优秀传统文化是一件任重而道远的事业。

当前，我国进入了经济体制深刻变革、社会结构深刻变动、利益格局深刻调整、思想观念深刻变化的新的历史时期。面对新的历史任务和来自各方的新挑战，全党和全国人民都需要学习和把握社会主义核心价值体系，进一步形成全社会共同的理想信念和道德规范，打牢全党全国各族人民团结奋斗的思想道德基础，形成全民族奋发向上的精神力量，这是我们建设社会主义和谐社会的思想保证。中国社会科学院作为国家社会科学研究的机构，有责任为此作出贡献。我们在编写出版《中华文明史话》与《百年中国史话》的基础上，组织院内外各研究领域的专家，融合近年来的最新研究，编辑出版大型历史知识系列丛书——《中国史话》，其目的就在于为广大人民群众尤其是青少年提供一套较为完整、准确地介绍中国历史和传统文化的普及类系列丛书，从而使生活在信息时代的人们尤其是青少年能够了解自己祖先的历史，在东西南北文化的交流中由知己到知彼，善于取人之长补己之短，在中国与世界各国愈来愈深的文化交融中，保持自己的本色与特色，将中华民族自强不息、厚德载物的精神永远发扬下去。

《中国史话》系列丛书首批计200种，每种10万字左右，主要从政治、经济、文化、军事、哲学、艺术、科技、饮食、服饰、交通、建筑等各个方面介绍了从古至今数千年来中华文明发展和变迁的历史。这些历史不仅展现了中华五千年文化的辉煌，展现了先民的智慧与创造精神，而且展现了中国人民的不屈与抗争精神。我们衷心地希望这套普及历史知识的丛书对广大人民群众进一步了解中华民族的优秀文化传统，增强民族自尊心和自豪感发挥应有的作用，鼓舞广大人民群众特别是新一代的劳动者和建设者在建设中国特色社会主义的道路上不断阔步前进，为我们祖国美好的未来贡献更大的力量。

陈奎元

2011 年 4 月

出版说明

自古至今，始终坚持不懈地从漫长的文明进程中不断总结历史经验教训，从中汲取有益营养，从而培植广阔的历史视野，并具有浓厚的历史意识，这是我们中国文化独有的鲜明特征，中华民族亦因此而以悠久的"重史"传统著称于世。在整个人类文明史上独一无二、系统完备的"二十四史"即证明了这一点。

中华人民共和国成立后，历史知识普及工作被放到十分重要的位置。20世纪五六十年代，著名历史学家吴晗主持编写的《中国历史小丛书》，90年代中国社会科学院院长胡绳组织编写的《中华文明史话》和《百年中国史话》，成为"大家小书"的典范，而后两套历史知识普及丛书正是《中国史话》之缘起。

2010年年初，为切实贯彻中央关于"做好历史知识普及工作"的指示精神，同时也为了更好地弘扬中国传统文化，我们对《中华文明史话》和《百年中国史话》

两套丛书的内容进行了修订和增补，重新设计框架，以"中国史话"为丛书名出版。第十一届全国政协副主席、时任中国社会科学院院长陈奎元亲任《中国史话》一期编委会主任，时任中国社会科学院副院长武寅任编委会副主任。正是有了各级领导的关心支持和诸多学术名家的积极参与，《中国史话》一期 200 种图书得以顺利出版，并广受好评。

《中国史话》丛书的诞生，为历史知识普及传播途径的发展成熟，提供了一种卓具新意的形式。这种形式具有以通俗表述、适中篇幅和专题形式展现可靠历史知识的特征。通俗、可靠、适中、专题，是史话作品缺一不可的要素，也是区别于其他所有研究专著、稗官野史、小说演义类历史读物的独有特征。

囿于当时条件，《中国史话》一期的出版形式不尽如人意，其内容更有可以拓展的广阔空间，为此 2013 年 4 月我们启动了《中国史话》二期出版工作。《中国史话》二期分为经济、政治、文化、社会和生态五大系列，拟对中国各区域、各行业、各民族等的发展历史予以全方位介绍。我们并将在适当时机，启动《世界史话》的出版工作。史话总规模将达数千种。

我们愿携手海内外专家学者，将《中国史话》《世界史话》打造成以现代意识展现全部人类历史和人类文明，集学术性、知识性、趣味性于一体的"万有文库"；并将承载如此丰厚内容的史话体写作与出版努力锻造成新时期独具特色的出版形态。

希望史话丛书能在形塑民族历史记忆、汲取人类文明精华、培育现代国民方面有所贡献，并为广大读者所喜爱。

史话编辑部

2014 年 6 月

目录
Contents

序

　　《兴义一中史话》是大型系列文化丛书《中国史话》中以弘扬传承百年名校历史文化为宗旨的系列图书的组成部分,兴义一中作为全国百年老校之一,能入选这项"十二五"国家重点图书出版规则项目,值得自豪和骄傲。经过全体编撰人员的共同努力,《兴义一中史话》编撰工作圆满完成,得以正式出版。我作为该书的编委会主任,感到十分欣慰。值本书出版之际,谈一下自己的感受。

　　兴义一中的前身是笔山书院,它坐落在巍峨亮丽的笔架山下,这里青山环抱,钟灵毓秀。笔山书院始建于清乾隆年间(1736~1795),以书院的后山状似笔架而得名,其间数度兴废。第四座书院兴建于清光绪十五年(1889),1905年更名为兴义高等小学堂,1926年升格更名为兴义中学,1940年升格为省立中学,新中国成立后省中和县中合并,定名为贵州省兴义中学。1960 年 7 月更名为兴义第一中学。1982 年 5 月 1 日，黔西南布依族苗族自治州建立，兴义一中开始由州政府领导，全称为黔西南布依族苗族自治州第一中学，简称兴义一中。

辛勤耕耘，结出累累果实；夙夜浇灌，勃发万千气象。仅 1905～1926 年的 21 年间，兴义一中就培养出一大批杰出人才，其中有 40 余人或公派或自费到日本、意大利、美国等国留学，他们回国后成为当时政界或军界的显赫人物，如刘显治、刘显世、王伯群、王文华、何应钦等人。1905 年，时任高等小学堂堂长的徐天叙带领魏正楷、窦简之、熊凤阶、高致祥等 13 人赴贵阳参加省公立中学的入学考试，结果囊括前 13 名。此事轰动了当时的贵州教育界，同时也使笔山书院（当时虽已改名，但习惯上仍称笔山书院）一跃成为贵州著名书院之一，与贵阳的贵山书院和遵义的湘川书院并称为贵州的三大书院。这些人学成之后，对贵州乃至全国都产生了深远的影响。新中国成立后，兴义一中更是人才辈出，为国家建设培养了大批合格人才。

一批仁人志士，艰苦创业，日积月累用血汗开辟出这片美丽的绿洲；一批辛勤的园丁怀教育之理想，健自强之远志，把青春韶华、才情抱负无私地抛洒在这块热土上；一批孜孜不倦的学子肩负建设祖国、服务人民、造福家乡的重任，沐浴在老师们山高水长的雨露恩情下，勇攀书山，遨游学海。青山巍巍，镌刻着一张张一中人的面容；清风徐徐，吟唱着一串串一中人的姓名。

历史是一面镜子，可以鉴古知今。承先启后，缅怀先辈的拓荒精神，能更好地继往开来；总结过去的经验和教训，有利于谋求今后的发展。百年一中的历史无疑是我们一笔宝贵的精神财富和文化遗产，也是一部最好的校本教材。倘若我们培养出的下一代具有尊重知识、热爱乡土、关心母校、缅怀先辈、欣赏文化的情操，那么，弘扬民族精神，加强爱国主义教育就找到了最有效的着力点，我们追求的人文理想才能在乡土里扎下深根，开花结果。回首往昔，群英荟萃，桃李芬芳；喜看今朝，莺歌燕舞，春色满园；展望未来，阳光灿烂，前程似锦。今日的一中人将继承团结拼搏、艰苦奋斗的优良传统，发扬求实创新、敢为人先的开拓精神，在新的征程上锐意进取，勇创佳绩，再铸新辉煌。追本溯源，鉴往知来。百年老校，兴衰沉浮，值得我们去深思、探讨、总结，扬长避短，去秽存芳；竭群智，尽群力；务实求真，与时俱进。未来，兴义一中自当人才蔚盛，前程远大！

《兴义一中史话》是弘扬传承中华百年名校历史文化的形象载体，是本校广大师生及历届校友全面了解我校历史文化的普及读物；同时，也有助于社会各界用较少的时间清晰地了解我校的历史文化；更有助于我校新生从踏进学校起就树立"知我校史，成就梦想"的观念。普及传承我校历史文化，有助于学校其他相关工作的开展。本书的编撰出版，可以说功在当代，惠及后代！

本书付印前，承蒙《中国史话》编撰委员会专家学者惠予审阅、悉心指导，在此，谨致深切的感谢！

黄利君

兴义一中校长

一　历史回溯

　　兴义一中所在的兴义市，位于黔西南布依族苗族自治州西部，贵州省的西南端。东面与本州的兴仁接壤，南面与广西一水之隔，西面与云南隔河相望，北面与兴仁、普安及盘县毗邻，处于滇、黔、桂三省区的结合部。由于地扼三省区，位置重要，历史上就有"西南屏障"之称。黔西南布依族苗族自治州首府就设在这里，这里山川秀丽，气候宜人，物产丰富，人杰地灵。

　　兴义市教育发展较早，早在清末民初，就有州内各县及毗邻的滇桂部分县的学生到兴义来学习深造，新中国成立后，兴义更是黔西南培养人才的中心。兴义市高等院校有兴义民族师范学院、黔西南民族职业技术学院、黔西南广播电视大学。这些院校为全州培养了许多中小学教师和其他各方面的专业人才。示范性高中（重点中学）有兴义一中、兴义八中、兴义五中、兴义十中、赛文中学等，它们每年都为高等学校输送大量优秀人才。

兴义一中位于兴义市区北门的笔架山下，建于原兴义文庙旧址上，属黄草坝镇老城街，东面校门临老城街，西面依山，北面与水晶观连接。校园内房屋依山而建，高低错落有致，与青山古木交相辉映。教学楼前有见证兴义一中悠久历史的棂星门牌坊。牌坊两侧种植有紫荆、桂花等各种花木。教学楼后是青山，山上林木繁茂，常年青翠，异常幽静。林间一条石级小径直通山顶。教学楼前是兴义市区，高楼林立。斜对面是兴义

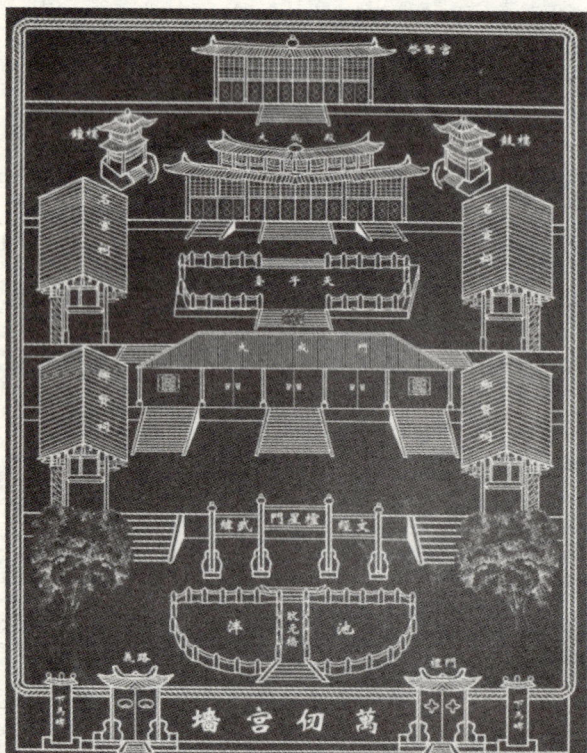

兴义文庙旧址复原图

棂星门

景点穿云洞，那里曾经是笔山书院的讲经堂，近年开辟为传统文化景点——兴义百子园。山上亭台楼阁，红墙绿瓦，花木掩映，中国古代先贤和历代文人学士的一百余尊雕塑伫立在苍松翠柏之中，增添了厚重的文化底蕴。学生下课时倚窗凭栏，环顾远眺，可以赏景得逸，调节视力。

兴义一中自然环境优美、宁静，软件、硬件设施优越，是教书育人的好地方。

1 追根溯源话书院　文脉绵远说学堂

兴义一中的历史与兴义笔山书院和兴义高等小学堂密不可分。早在清乾隆年间（1736～1795），兴义就有了第一座笔山书院，俗称老书院。1905年的兴义高等小学堂就是由

原笔山书院讲经堂

笔山书院升格后更名而来的。1926年的县立兴义中学是在高等小学堂的基础上扩建、升格更名而来的，不仅沿用其校址、校舍，而且教师也是大部分由高等小学堂的教师担任。因此可以说：没有兴义笔山书院，就没有兴义高等小学堂；没有兴义高等小学堂，就没有兴义中学；没有兴义中学，也就没有今天的兴义一中。要了解兴义一中，就得从兴义笔山书院说起。

书院历程　饱经沧桑

兴义笔山书院，历经沧桑，几度兴废，且每次校址都不在同一地点。清乾隆年间（1736～1795）创建的第一座笔山书院，系当地士绅和民众自发筹资兴办，是科举时代讲授四书五经的场所。据《兴义府志》记载，乾隆年间的举人王赞武、王式武兄弟就出自此院。书院建在兴义老城西南隅水井坡山麓。院后奇峰耸立，酷似笔架，故名"笔架山"，"笔山书院"也因此而得名。院舍掩映于苍松翠柏之中，清幽静雅；院前有一个清澈的龙潭，宛如偌大的一方砚台，镶嵌于千亩田畴之间，更为书院增添了文秀之气。后来，院舍年久失修，以致荒废。

第二座重建的笔山书院建于清嘉庆十八年（1813），书院校址有变动，但仍称笔山书院，嘉庆二十三年（1818）书院完工。后经历任知县不断加工维修，书院初具规模，后毁于咸丰年间的兵燹之中。

第三座重建的笔山书院建于清光绪元年（1875），校址就是今天的兴义一中所在地，时任斋长李辉垣将与笔山书院毗邻的文庙地基用于修文昌宫，从而使笔山书院有了一定规模。书院曾培养了大批秀才、举人、庠生等。

第四座重建的笔山书院（校址在今天的兴义民族师范学院）建于清光绪十五年（1889），当时鉴于老书院的地势高峻狭窄，书院另建，并得到知府孙清彦的热情支持，由乡绅刘统之、赵天如、林子亨主持修建，由于经费得到落实，加上群众献工献料，仅一年多时间，即告落成。

笔山书院旧址（现兴义民族师范学院院内）

顺应潮流　书院更名

清光绪三十一年（1905），维新变法与民主革命的思潮相继在全国兴起，地处云南、贵州、广西交界处的兴义由于商贾云集，消息甚是灵通，加上已有一定的办学基础（当时兴义府已有书院十余所，各种私塾、社学、族塾、专塾等几十所），因此亦不甘落后，兴义很快废止了岁试，将当地最富盛名的笔山书院更名为高等小学堂，并很快进行了扩建。当时的校舍规模宏大，环境幽静，三进院舍26楹的建筑群在那时的学堂中亦是少有的。

现今的门联石刻依然保留了当时笔山书院的风貌，"平地起楼台，看万间麟次，五月鸠工，喜多士情殷梓里；斯文无畛域，况榜挂天开，笔排山耸，愿诸生迹迎蓬瀛"。这副对联既形容书院规模的宏大，也表达了乡里人对学子的殷切希望，亦可认为是高等小学堂办学的宗旨。1926 年春，安龙县盘江中学开学，兴义县奔赴安龙县读初中的学生达 20 余人，引起了兴义县教育界的重视，于是，由高等小学堂校长赵伯俊等发起，开始筹办中学校，并得到了县长舒为龙的积极支持，1926 年 7 月，兴义县立初级中学宣告成立。学校设于高等小学堂内（笔山书院旧址），赵伯俊兼任校长，招生两个班，60 余人。兴义第一所中学诞生了。

名流云集　创造辉煌

重视教学，注重教学质量，是兴义一中的优良传统。其渊源当追溯到笔山书院和高等小学堂时代。

清末笔山书院院长雷廷珍、姚华、徐天叙（后为堂长），皆为有识之士，学问渊博，功底深厚，以授业为天职，一丝不苟，严谨治教而不因循守旧，业绩卓著，闻名遐迩。

民国年间的历届校长，也多为兢兢业业之人。他们殚精竭虑，尽其所能，招揽人才，延聘教师，以保证教学、提高质量为己任，培育了众多人才。学校声名远播，吸引了贵州的兴仁、贞丰、晴隆，广西的隆林，云南的罗平、富源等地的众多青年学子前来兴义中学就读。

清光绪十五年（1889），第四座笔山书院建成后，刘官礼等人以剩余库银为基金，广聘贤人前来执教。1889 ~ 1925 年，书院先后从外地聘请的举人有程光祖、周辅宸、庄南华、孙家瑶、桂馥、汤中、雷廷珍、曾沛霖、朱元谟、徐天叙、赵廷光等人，进士有吴成熙、喻鸿钧、姚华（茫父）、熊继光等人，其中最著名的是雷廷珍和姚华两位先生。

雷廷珍

雷廷珍，字玉峰，黔北绥阳人，曾为贵阳"经世学堂"的知名教师，他不但在贵州出名，而且也是当时我国南方著名的经史学家和教育家。此人深受当时湖广总督张之洞的器重，多次被邀前往武汉执掌两湖书院，后雷廷珍于赴鄂途中病故。雷廷珍执掌笔山书院约3年，在此期间，书院学务蒸蒸日上，正如《兴义县志（稿）·书院》记载："广置时务书报及经、史、子、集，以供涉猎，学风为之一变"。

姚华，字重光，号茫父，贵阳人，是清末民初我国著名的书画大师。在担任笔山书院山长期间，他不但能循其良规，而且还讲诗作画，改进教学，使学生得到全面发展。后来，姚华又受聘到北京美术专门学校、京华美术专科学校，教授书法和绘画，被鲁迅、郑振铎誉为民初有代表性、有创造力的画家。历史学家郑天挺则称之为"一时大师"。不仅王瑶卿、程砚秋、梅兰芳等知名艺术家常向其请教诗画，而且印度大诗人泰戈尔也将其诗画视为珍品，带回印度陈列。姚

姚华

华的绘画用笔古拙遒劲，构图端庄朴实，作品意蕴无穷，并善于运用水墨画、水印木刻、刻铜画、颖拓多种表现形式。1957年，郭沫若称赞道："茫父颖拓实古今来别开生面之奇画也。"

清光绪三十一年（1905），笔山书院改名为兴义高等小学堂后，进入鼎盛时期。由于士绅刘统之等人对兴义教育的重视，同前期一样用重金聘请众多名流执教于兴义高等小学堂。教师的年俸一般为 200 两白银，相当于或超过当时知府所得。办学人才，我们从 1905~1925 年时任高等小学堂的堂长人选可见一斑，他们是举人张寿龄、聂树楷，留学日本的李映雪、赵元杰，庠生刘显滇、赵学坤、吕声桐、陈潍，贵州优级师范毕业生魏正楷，云南政治学堂毕业生唐开敬，兴义籍简易师范毕业生窦致祥。学堂的教师不仅认真指导学生研读经史，而且从日本购进大量学习近代知识所需的各种图表、仪器和书籍，供学生使用。

1889~1925 年历任书院山长及高等小学堂堂长

时间	姓名	别名	籍贯	简况
光绪十五年（1889）	程光祖		云南曲靖	举人
光绪十六年（1890）	周辅宸		云南师宗	举人
光绪十七年（1891）	庄南华	寓斋	兴义	举人
光绪十八年（1892）	孙家瑶	伯玛	铜仁	举人兼本邑学官
光绪十九年（1893）	吴成熙	绎如	江西	进士
光绪二十年（1894）	桂 馥	光廷		举人
光绪二十一年（1895）	汤 中	子酉	贵阳	举人
光绪二十二年（1896）	喻鸿钧	济臣	湖北	进士
光绪二十三年（1897）	朱元谟	显卿	郎岱	举人
光绪二十四年（1898）	赵廷光	百容	贵筑	举人

续表

时间	姓名	别名	籍贯	简况
光绪二十五年(1899)	雷廷珍	玉峰	绥阳	举人、创办过经世学堂
光绪二十六年(1900)	曾沛霖	澍之	四川巴县	举人
光绪二十七年(1901)	姚 华	重光	贵阳市	进士、著名书画家
光绪二十八年至光绪三十一年(1902～1905)	徐天叙	叔彝	贵定	举人
光绪三十一年(1905)	张寿龄		贵阳	举人
光绪三十二年(1906)	聂树楷	尊吾	思南	举人
宣统元年(1909)	李映雪	之白	兴义	留学日本
民国元年(1912)	刘显滇	如愚	兴义	庠生
民国2年(1913)	赵学坤	天如	兴义	庠生
民国4年(1915)	吕声桐	吾笙	兴义	庠生
民国6年(1917)	魏正楷	树身	兴义	贵州优级师范毕业
民国10年(1921)	唐开敬	守一	兴义	云南政治学堂毕业
民国11年(1922)	陈 潍	舜裔	四川仁寿	庠生
民国12年(1923)	窦致祥	希王	兴义	简易师范毕业
民国14年(1925)	赵元杰	伯俊	兴义	日本明治大学毕业

注：1926年后，兴义中学成立，中学校长情况可参见本书附录"兴义一中历届正副校长名录"。

兴义笔山书院，从创建到现在的兴义一中，为地方培养了大量的人才。据《兴义府志》记载，乾隆年间举人王赞武、王式武两兄弟，就是第一座书院培养出来的弟子。尤其是在第四座书院开办期间，更是人才辈出。1905年，时任兴义高等小学堂堂长的徐天叙带领魏正楷、窦简之、熊风阶、高致祥等13人赴贵阳参加省公立中学举行的入学考试，结果囊括前十三名，轰动了当时的贵州教育界，同时也使笔山书院（当时虽已改名，但习惯上仍称笔山书院）一跃成为贵州著名书院之一，与贵阳的贵山书院和遵义的湘川书院并称为贵州的三大书院。由于笔山书院的影响力迅速扩大，学生人数大增，毗邻的云南、广西学子也以能进入笔山书院就读为荣，邻县的学生更是蜂拥而至。

1905～1926年，兴义笔山书院东渡日本留学的学生就达40余人，难怪《兴义县志（稿）·学校》曾这样记载："我县留学生之多，声誉之隆，甲于全省"。王伯群、保衡、刘显治、李培先、何应钦、王聘贤、刘若遗等留日学生在日本的中央大学、帝国大学、早稻田大学、明治大学等学校，学习政治、经济、军事、教育、医学。回国后，他们与笔山书院的同学一起建设祖国，并在各界产生了较大的影响。

政界，在赴日本留学期间，参加孙中山领导的同盟会的学生有保衡、王伯群、刘显治、刘刚吾等人。保衡在日本受同盟会委派回奉天（今沈阳）进行革命活动时，被清朝政府抓捕后慷慨就义。王伯群从日本回国后，积极拥护孙中山先生的主张，参与护国、护法运动，被孙中山先生任命为国民政府交通部第一任部长。刘显治从日本留学归国后，曾任国会议员，常驻北京。在笔山书院的学生中，后来担任过贵州省省长的有刘显世、刘显潜；代理过省长一职的有李映雪。刘刚吾在日本完成学业后，回国曾任河南省政府秘书长、代省长和国家内政部民政司长等职。

军界，早年在笔山书院就读、后来投入军界成为显赫人物的有李儒清、王文华、何应钦、王文彦等人。在武昌起义中，革命军总司令部被迫移驻十里铺时，李儒清被任命为临时督战指挥官，后在战斗中，英勇冲入敌阵，中弹阵亡。王文华是辛亥革命的积极拥护者，曾任黔军总司令，在护国、护法运动中率部连挫北军，屡建战功，深受孙中山先生器重，被委任为国民革命军军事委员会常务委员。1921年他在上海遇刺身亡，于1940年被国民政府追认为陆军上将。何应钦于1900年进入笔山书院，后被推举入贵阳陆军小学、武汉陆军中学、日本士官学校。回国后，何应钦曾先后任旅长、军长及国民政府军政部部长、陆军总司令、行政院院长、驻联合国首席代表等职，成为长期执掌国民党军政大权的风云人物。王文彦任兵团副司令，曾在台儿庄对日战役中奋勇杀敌。

教育、医学界，早年在笔山书院学习，后赴国外大学深造，最终成为教育界知名人物的有吴炯心、赵伯俊、唐守一、赵显彬等人，他们不仅在兴义极有名望，而且在贵州省内也颇有名气。王伯群于1924年在上海集资创办了大夏大学，深受各界好评。新中国成立后，大夏大学与光华大学合并为华东师范大学。他在掌管大夏大学期间，为社会培养了不少人才，其弟子遍布国内外。在笔山书院的学生中，学医的虽不多，但仍有王聘贤名扬西南三省。他从日本学医成名后，回贵州长期行医。由于医术精湛，医德高尚，深受人们敬重。新中国成立后，王聘贤曾任贵州省卫生厅副厅长兼中医研究所所长等职。

工商界，在笔山书院毕业的学生中，影响最大者当推刘若遗。他从日本留学回国后，应邀前往云南，先后在昆明开办同森木行、裕华砖瓦厂、呈贡果园、殖边银行、富滇银行、盐隆公司以及"志和"与"懋和"两个商号。富滇银行在西南三省影响甚大，使刘若遗成为一时能够左右云南经济的金融家和实业家。

无论是国民政府第一任的交通部部长王伯群，还是当时任贵州省省长的刘显世，任黔军总司令的王文华以及任贵州省政府委员兼建设厅厅长的窦居仁，或是后来国民党政府行政院院长的何应钦等，他们都是历史的风云人物，在中国近代史上留下了自己的轨迹。通过他们，我们看到了当时兴义教育，特别是兴义高等小学堂的教育成果。

无论以前的兴义笔山书院，还是后来的兴义高等小学堂，都是一所位于贵州西南部边远山区的旧式学堂，在清末民初，培养出了如此众多具有较大影响力的人物，实属难得。在中国近代教育史册上，也记下了重重一笔。

2 筚路蓝缕创县中　栉风沐雨谋发展

军阀治黔　县中初创

1911 年的辛亥革命推翻了封建君主专制制度，但中国却陷入了军阀割据的深渊。贵州，也不能幸免。1912 年滇军唐继尧入黔，形成了由滇系军人与贵州各派势力的联合政权，开创了贵州的军阀统治时代。1913 年 10 月，唐继尧离黔赴滇，并向袁世凯政府推荐刘显世作为贵州的统治者，从而拉开了兴义系军阀统治贵州的序幕。以刘显世的登台为开端，兴义系军阀在贵州统治了十三年（1913～1926）之久。1926 年 6 月，黔军桐梓系首领周西成出任贵州军务督办兼贵州省省长，开始了桐梓系军阀集团对贵州长达十年（1926~1935）的统治。周西成上台之际，正处于中国社会大动荡、大变革时期。国内政治斗争风云激荡，思想文化领域流派纵横，北伐战争节节胜利，北京国民政府统治摇摇欲坠。周西成执政不到一年，南京国民政府成立，蒋介石随即开始统一中国的内战。为了巩固桐梓系军阀的政治统治，周西成采取了整顿吏治、发展地方经济和文化教育事业等措施。在教育方面，采取的措施：设立省教育厅；公布实施《贵州省教育局暂行规程施行细则》，明文规定各县废止劝学所，设立教育局，承办教育行政事宜；实行"各县教育经费独立"，"通令各县清理学款，不准擅行挪移"；制定"教育人员任免及限制条例"；公私并举兴办学校等。尽管巩固和扩大统治势力是周西成发展地方教育的内在动因，但周西成的做法客观上促进了贵州教育事业的恢复和发展，打破了民国初年以来贵州教育徘徊不前的局面，有力地推动了贵州教育近代化的发展。

兴义县立初级中学在这种历史大背景下创立了。

1926年，兴义城乡共有两级小学十多所，初级小学六七十所（私学在外），生源日益增多，具备了创办中学的基础条件。同年，舒为龙来到兴义就任县长。他比较重视教育，见安龙县已于这一年春季办起了中学，便召见兴义县劝学所所长黄济舟、城区两级小学校长赵伯俊等人，商量筹办中学事宜。他们分析认为兴义办中学的条件已经成熟，于是商定立即筹办中学。舒为龙县长指定黄济舟、赵伯俊负责筹备工作，并指定拨全县屠宰附加捐每年约大洋六千元给中学，作为开办费和经常

费，不准挪为他用（这是教育经
费独立的起点，当时就受到团防
局、经费局的一些官员、劣绅的
反对），并准备秋季招生。此举得
到兴义城区全体教师及各界人士
的支持。

　　1926 年 7 月初，兴义县立初
级中学宣告成立，校长为赵伯俊，
学监为吴炯心、吴仲伟。兴义县
立初级中学和高等小学堂共用原
笔山书院的 20 余间校舍，教师一

民国县立初级中学
校长赵伯俊

部分是由高等小学堂教师兼任，另一部分是请当时兴义军政界
人士兼任。当年，将高等小学堂三年级成绩较优的学生提升入
中学，并招考历届高等小学堂毕业生，共招生 60 余人。这样，
兴义的第一所中学就诞生了。

　　兴义县立初级中学险些被扼杀在摇篮里，县长舒为龙还因
为兴办这所学校被撤职，无功反而有过，这其中是有历史原因
的。早在 1926 年春，安龙县豪绅袁廷泰（黔军总司令袁祖铭
之父）、何兴斋及广商苏发祥等捐巨款创办了盘江中学（1927
年改名为"贵州省安龙县立中学"），兴义高等小学堂毕业生
到安龙中学就读的有王绥竹、卢钧禹、曾毓嵩、王德明、邓权
禹等 20 多人，为该校第一期学生之半数。袁廷泰得知兴义成
立中学后，认为兴义中学将会妨碍安龙中学的发展（主要是
学生来源）。此时的贵州省省长周西成在名位上是袁祖铭的部

属，故袁廷泰以"老太爷"和贵州省长公署高等顾问的身份，一再函电周西成不准兴义中学立案，周西成当然不好拒绝，于是就把这事转给教育厅具体办理。教育厅厅长周恭寿就勒令兴义县公署撤销兴义中学，并将力主开办中学的兴义县县长舒为龙撤职查办。兴义中学师生虽一时群情激愤，但又无可奈何。舒为龙曾为此给兴义中学赋诗一首："作宰黎峨五月兹，斯民愚直耐侬思；西风一剑又飞去，独留纪念在于斯。"以此诉说他为创办兴义中学受惩离职的情怀。他离县这天，兴义城区各校师生整齐列队，手执角旗，欢送至那坡处，饮泣话别。

兴义中学师生共商出路，都无定计。不久，学校举行考试，匆匆结束。师生彷徨惜别。

1927年初，袁祖铭被国民政府军事委员会委任为北伐军左翼军总司令，他在湖南常德被唐生智所部国民革命军第八军教导师师长周斓在除夕之夜以宴请为名设计枪杀。袁廷泰沉于丧子之痛，又失去左右贵州政务之依靠，因此无意再坚持兴义中学立案之事。兴义地方人士先委托窦居仁（兴义人，曾就读于笔山书院，是周西成的旧长官，被周西成聘为省府高等顾问）在省里积极奔走，向周西成、周恭寿力争，又请新任县长唐希泽据理转呈。由于窦居仁与周西成的老关系，加之，兴义中学已成事实，也不好坚持撤销，教育厅厅长周恭寿才明令兴义中学准予立案，撤销查封原令。这样，兴义县立初级中学的成立才合法化。

1922年中华民国大总统政府颁布的"壬戌学制"规定："中学校修业年限六年，分为初高两级，初级三年，高级三年。"兴义县立初级中学为三年制初级中学。学校主要开设公民、国文、算学、代数、平面几何、英语、物理、化学、动物、植物、历史、地理、体育、图画、音乐等课程，但后来由于时代的变化有所增减，如抗战时期增加了童子军训练等。

全面育人　初步发展

学校教育工作的主体是教学，教育的目的要通过教学去实现，而教师是教学的中坚力量。有优良的教师，才能培养出才华横溢的学生。

兴义县立初级中学从成立之日起，就严格管理，重视优秀教师队伍的建设。从广西、贵阳等省市延聘众多思想进步、目光高远、博学多才之士来校任教，打造了一批又一批师德高尚，学有所专，各有所长，尽职敬业的教师队伍。在一代代教师前赴后继的辛勤培育下，学校的教学质量得到不断提高，为国家、社会培养了许多出类拔萃、卓有成就的人才，也使学校声名远播。

兴义县立初级中学的首任校长赵伯俊，毕业于日本明治大学政治经济系，此前是城区两级小学校长。他治校有方，致力于建设优良校风，认真抓教学质量，富有开拓精神；对学生除发展德育、智育外，还提倡开展足球、篮球、乒乓球等体育活动。那时，教育经费没有列入专项预算，主要依赖于向社会收取的学租、屠宰附加税、斗息、纱捐、牲捐、公房租等，为数有限，对于一个新办的学校，缺少经费是必然的。为了让经济困难的学生也能接受教育，即使在学校经费如此紧缺的情况下，赵伯俊校长仍在学校实行贫苦优秀生免费入学、勤学苦读的学生半费的制度，对个别特别困难的优秀生，他还解囊资助生活费。这些措施的实行激励了很多学生挑灯夜读、刻苦学习，使学校形成了优良的学风，为学校的发展奠定了基础。

1928年，根据省政府的号令，县劝学所改为县教育局，黄济舟任局长。他与一些关心教育的人认识到，辛亥革命后十多年间兴义教育的衰败，不仅是由于屡遭兵所的摧残，还在于团防总局、经费局一小部分劣绅官员，他们把持教育经费，肥私利己。恰好当时全国各省、县都在开展教育经费独立、自收自支的运动。于是以黄济舟为首的一些士绅，在县政府的支持下，开会划定北门外和官田坝1600多石学租、屠宰附加税、牲捐、纱捐、斗息、公房租等款项为教育专款，限定用于开支城区学校，地方财政不得以任何借口挪移转拨。教育经费的独立彻底摆脱了经费局历年把持教育经费，束缚、阻碍教育发展的现象，为学校的发展奠定了一定的物质基础。此后，兴义中学学生人数逐年增加，班数增多，教师待遇不断提高，从外地聘请的教师数量不断增加，教学质量不断提高，学校得以发展。

由于待遇从优，又能按月发放教职员工薪资，许多外籍教师都乐于来兴义县教学。1928年春，赵伯俊去职，由县长唐希泽暂代校长。随后不久，唐希泽辞去校长兼职并委任由贵阳聘请来的教师车小舟接任。

1929年，窦居仁（时任贵州省建设厅厅长）在省城代聘赵万邦来兴义中学任校长，同时聘来蔡济民、邵竹波、汤石安等国立大学或高等师范毕业的、有教学经验的教师，使兴义中学师资力量得到大大的充实、加强，教学质量显著提高。在第一期毕业生中，21 人出外升学，被录取的就达 19 人。自这一年起，兴义中学增加到三个班。以后，班额逐年增加，并开办师范班，增设女中部。到 1938 年秋，兴义中学初中班 10 期毕业生达 556 人。赵万邦担任中学校长后，指导学生成立学生自治会，以"团结互助，砥砺学行"为宗旨，取得一定的效果。

地方官员聂刚予、黄次侯等，以教育经费独立收支不利于经费局之把持，"地方财政，应统收统支"以便"全盘规划"为借口，勾结县长闵春萱、驻军团团长杨昌荣，准备把已经划拨有案的教育经费收归经费局管理，希图恢复 1925 年以前团防总局扼制教育经费的情况。以黄济舟为首的热心教育的地方人士，发动城区各校教师、学生维护教育经费的独立。在兴义初级中学校长赵万邦，教师戴厚基、曹恺之的指导下，兴义初级中学学生自治会号召县立第一两级小学、县立第二两级小学和县立女子两级小学推选代表组织兴义城区学生联合会，坚决维护教育经费的独立，他们开大会、发传单、贴标语、设台演说、游行示威、向县府请愿，并申报至省教育厅。游行当天，学生情绪激昂，高呼"打倒土豪劣绅黄次侯！""打倒贪官污吏闵春萱！"等口号。他们还到县府请愿，闵春萱拒绝不见。此次游行示威使贪官、劣绅都噤若寒蝉，不敢露面，至此不敢再提收回教育经费之事。不久，教育厅厅长王漱苏也批下公文，"不准挪移教育经费"。从此，教育经费的独立收支一直到 1937 年"地方财务委员会"成立时为止。

赵万邦校长除综理学校行政和从事教学外，还是一个体育爱好者。他提倡开展篮球、足球、排球、网球、乒乓球等各项球类和田径赛运动，亲自带领广大师生平整场地，逐步建起篮球场、田径场，又雇工人制作篮球架板，购置球、球网和球拍，修造沙坑，制作标枪、铁球、铁饼、跳高架、跨栏等，基本满足了体育教学活动的需要。他本人虽非各项运动的能手，但对场地布置，各项运动规则、裁判标准和竞技技巧等都比较熟悉。因而他积极地向广大师生进行宣传介绍，并指导学生学习和应用。这是兴义初级中学及兴义县城在体育方面全面发展的开端，为兴义体育事业的发展打下了基础。

赵万邦校长还指导学生自治会成立游艺室，进行游艺活动。课余时间，同学们或拉、弹、唱、和，或对弈各种棋类，欢歌笑语。第一期学生举行毕业典礼时，赵万邦提出编排话剧以庆祝。剧本为熊佛西编著的《一片爱国心》和赵万邦以电影情节改写的《二姑嫂》《好儿子》等，主要是加强爱国和反封建教育。全城男女老少不惧冰天雪地到学校礼堂观看，并且反响热烈，此次为兴义话剧之首次演出。

赵万邦任中学校长时，还筹建了兴义初级中学图书馆。当时学校没有图书购置费的预算，图书馆是用旅滇学生会赠送的一批书刊和零星购买的 500 余册图书为基础办起来的。1931年，唐守一接任校长，开始征收"图书、体育费"，每位学生交大洋两元，分两期缴纳。唐守一在任三个学期，购置各种新书（文艺书较多）约 3000 册。学校的藏书增多，大大丰富了学生的课外阅读。

1932 年，罗心则担任校长，并将县参议会的 3 个女子师范班并入兴义县初级中学，改为兴义中学女中部。但当时女中部只是名义上与男中合并，校舍仍在县参议会，由吴炯心负责主持，经费分开，教师合用。

增设高中 成为省立

1937 年全面抗战爆发以后，中华民族同仇敌忾，共赴国难。1938 年，国民党在武汉召开临时全国代表大会，制定"抗战建国"的基本国策，通过《战时各级教育实施方案纲要》，明确"战时须作平时看"的教育指导方针，并据此采取了一系列紧急应变措施，如高等学校内迁，设立国立中学，收留流亡青年，尽力维护学校的正常教学秩序等。

1937 年 10 月 30 日，国民政府宣布从南京迁都重庆，以作陪都。随着战区的日益扩大，贵州成为抗日战争的大后方和抗战建国的重要基地。国民政府组织的内迁使贵州的经济、文化和教育发展呈现出中央化格局。为了适应大后方经济文化建设的需要，确保战时教育的维持和发展，使教育能为当务之急的抗日战争服务，也能为战后国家重建和民族发展的远期目标奠基，国民政府采取了一系列特殊政策来推动贵州教育事业的发展，促使贵州教育在抗战期间仍然取得了显著成就。

在推进贵州中学教育发展方面，国民政府曾采取了三条有效措施：一是增设省立中学；二是鼓励经济条件比较好的县创办县立中学；三是鼓励私人和社会团体创办中学。这些措施从不同方面推动了贵州中学教育的发展。在这种大背景下，兴义初级中学也得到了进一步的发展。

1938 年，曾毓嵩任校长，将女中部迁入兴义县初级中学本部，男女中才正式合并，行政教学统一起来，开兴义县男女合校的新纪元。同时，在中学加办师范班，每年招一个班。从外地聘请顾思灵（中共地下党员）、聂汝达、叶一鹤、徐守白、王卓等10多位教师来校任教。这些教师大多来自江苏、浙江、广东、四川等省，系全国较有名的公、私立院校或专科学校毕业，他们学有所长，教学经验丰富，责任心强。兴义初级中学第一次迎来这么多的外地大学生任教，这些老师带来了新的思想、新的教法，使学校教学质量有了明显提高，教学成绩突出，发展迅速，班额、学生数大幅度增加，造就了兴义初级中学自1926年建校后的一个兴盛时期，为创办完全中学创造了条件。

这一时期，兴义初级中学普遍采用陈鹤琴的教育理论和教学方法。"陈氏教学法"强调直观教学，采取形式多样、生动活泼的启发方式，反对教师独白和照本宣科的注入式教学，提出教师应"教导兼施"，主张"积极的鼓励胜于消极的制裁"，以培养学生的自尊心和进取心为宗旨。

1940年，鉴于兴义尚无高中，有条件升学者须远道前往贵阳或昆明上学，而家境清贫的学生则失去升学机会，兴义县临时参议会征得县政府同意，组成兴义中学高中筹备委员会，并将县募集上缴后的救国公债余款拨作筹建高中基金，同时，商界亦多捐助。兴义县于1940年秋季招考高中一年级新生一个班，学生40余人，使县立初级中学加办高中成为完全中学，正式更名为"兴义县立中学"，并获省教育厅批准。兴义县立中学是当时贵州省最早设立高中并成为完全中学的县级中学。第一期高中招生1个班（40余人），1941年，高中共有3个班，初中共有9个班，共计12个班，学生近500人，原有校舍已不能满足教学需要。1943年，省政府批准兴义县立初级中学升级为贵州省立兴义中学（简称"省中"，省中经费，3年内由省、县教育厅分担，3年后全部由省教育厅负担），为完全中学。进入20世纪40年代后，学生人数急剧增加。1944年，兴义县参议会通过决议，决定另行设立县立初级中学，以满足高小毕业生的升学要求，经省政府核准，兴义县立初级中学（简称"县中"）二次成立，校址设在文庙（今兴义一中校址）。从此，省中、县中两校并存，在校生人数一般各在200～400人，多时共有800人左右，少时亦在500人以上（1945年，省中在校生338人，县中在校生248人）。1941～1949年初中毕业生共9期494人，加上之前765人，合计1259人；高中毕业生6期117人，总计1376人。

1944年，兴义县立中学改由省教育厅直接领导。高中部的经费开支由省教育厅拨付，初中部的经费开支则仍由县拨款支付。

学子爱国　投身救亡

抗日战争时期，处在大后方的兴义中学和全国的其他学校一样，一面抓学习，一面开展爱国抗日宣传和抗日救亡活动。

1931年九一八事变发生后，日本侵略者在东北占我土地，抢我财产，杀我同胞，广大东北同胞为逃避日寇的杀戮和污辱，纷纷逃往关内。由东北逃难同胞、海外侨胞组织的巡回讲演队途经兴义，他们以亲身经历揭露日寇的滔天罪行，宣传爱国军民英勇杀敌的事迹。兴义人民听后义愤填膺，对日本侵略者切齿痛恨。兴义县立初级中学学生成立"抗日救国会",进行游街宣传、唱抗日歌曲、表演街头短戏,以唤醒民众团结起来救国。教师也积极加入抗日救国活动,教导群众和学生在国家、民族危亡的关头,要关心国家命运,做到"国家兴亡,匹夫有责"。

1937年,全面抗战爆发。兴义中学的学生们进一步开展抗日救国活动,每日游街高呼抗日口号、唱抗日歌曲、表演抗日短剧,师生还带头捐钱支援抗日。学生们纷纷订阅抗日书刊,积极关注战争的发展情况。学生汤可澄等还成立进步团体"慧星社",社员发展到20多人,他们通过出版油印周刊《慧星报》,宣传团结抗日。一些学生如熊承昌、胡章国、陈浩如、蔡廷柱、陈大川、蒋思晏、谭明清等,纷纷投笔从戎,走上抗日前线,其中不少人在抗日战争中为国捐躯。如陈大川在抗日部队六十军任代理团长,在台儿庄战役中光荣牺牲,遗骨运回兴义时,军民千余人于接官厅列队迎接,悲痛欲绝,高呼"打倒日本帝国主义!""还我河山!""为死难烈士报仇"等口号,县城各界为其举行了隆重的追悼会。

1938年,兴义中学的进步学生魏万祥(雷隆)、卢传琦(卢亚强)、朱德成、汤可澄(汤从列)、吴明歧、肖君盛(肖金盛)等于3~6月先后离校,取道武汉、西安八路军办事处后,转赴延安进入抗日军政大学总校学习。学成后,他们均参加了八路军,投入争取民族独立和解放的斗争中。吴明歧在抗日军政大学学习期间写下了豪迈的诗句:"弱冠赴延安,拨雾见青天,请缨除日寇,挥剑斩邪奸,微躯为民勇,寸心报国坚，明歧长万里，快马时着鞭。"

抗战期间，根据形势需要，兴义中学教师顾思灵在兴义开展地下党活动，发展党员，进行革命宣传。顾思灵以讲堂为革命阵地，激发学生的爱国情感，在他的影响下，一些学生还秘密奔赴延安参加了革命。

革命年代　风云岁月

1945 年，抗日战争胜利，举国欢腾，但是由于国民政府仍推行独裁统治，中国共产党为了争取人民的解放而继续进行反抗国民党统治的斗争。兴义中学的师生也积极投身革命的洪流，为兴义的解放事业做出了巨大的贡献。

1945～1946 年，刘惺担任省立兴义中学校长，他德才兼备，自有谋略，取法蔡元培"兼容并包，民主治校"的办学思想，倡导学术自由，支持进步活动，因而学校师生思想活跃，教学生气勃勃。王锡华（中共地下党员）、汪运生、方明禄、严玲等进步教师对革新教学工作起到了积极推动作用，影响深远。1946 年第 4 届高中毕业生 13 人，10 人外出升学均考上了大学。

为了抵制国民党兴义县反动政府的暴政，刘惺带领省中的学生建立自治会、励志会、读书会，创办《新春文艺》，发表政论文章，提出"政治民主、经济公开；改革教育作风，废除奴化教育传统"等主张。这一时期，进步思想也在学生中得到进一步传播。学生中组织了特别学习小组，初步接触马克思列宁主义、毛泽东思想。省中的革命活动使国民党反动政府惊慌失措，他们以张贴"反动标语，发动学生寻衅闹事"为由逮捕刘惺，驱散参与革命活动的学生，省中革命活动举步维艰，师生的革命活动转向设在文庙的县立中学。

刘惺被捕后，罗心则（贵州法政学校毕业，原县中校长）调任省立兴义中学校长，从广西聘来历史教师潘晓初（潘毓，中共地下党员）。潘老师作风严谨，教学认真，和蔼可亲，深受学生敬重，并以革命思想教育学生，引导他们走上革命道路。1949年春，潘毓老师带领黄玉文、王学书、王廷珍、丁学义等学生秘密离校，前往位于云南罗平的滇桂黔边区纵队罗盘区支队，参加革命斗争。

罗心则调任省立兴义中学后，吴炯心出任县立兴义中学校长，他除就地聘任了德高望重、思想进步、真才实学的唐守一、刘剑钊、蒋重、薛国玺之外，还到贵阳聘请了青年教师何怀祖、杨一鸣、罗昆荣、苏汩等。吴校长支持进步教师和学生的活动，提高教学质量的措施也很得力，使县立兴义中学的学习气氛浓烈，教育质量颇高，为省立兴义中学高中部提供了许多优秀生源。

1947～1949年，在兴义县中，一方面，国民党三青团向学生进行国民党一党专政和反共反人民的教育，为国民党培养信徒，巩固国民党的统治；另一方面，中共地下党员在师生中秘密进行活动，动员一批学生到云南罗盘区去参加共产党领导的游击队，新中国成立前夕，还在师生中发展了许多中共党员和共青团员，建立了党、团支部，为革命事业做出了贡献。

1948年6月的一天，青年教师杨汉文、罗坤荣、苏汩和学生肖植能、李明光等在学校演出进步话剧《雷雨》时，国民党派特务在现场公然开枪打伤李明光，引起公愤，学校当天组织学生罢课，由此拉开了兴义县中师生革命运动的序幕。

在中共地下党组织的引导下，许多兴义中学的教师和青年学子迅速成长起来，加入革命队伍。1949 年 7 月，中共兴安工委副书记高乐来到县立中学，先后发展了蒋重、杨汉文、郭启宗、赵广义等老师加入中国共产党，并在学校建立了党支部，蒋重担任支部书记。同时，蒋重又在学生中发展钟明辉、戴仲伟、肖植能、李昌久、胡友伦、邹恩红等加入中国新民主主义青年团，钟明辉任团支部书记。后来，队伍不断壮大，成立县中团总支，蒋重担任总支部书记。县中的团组织充分利用"级刊""校刊"发表《我所见的"二五减租"》《迎接黎明前的曙光》，揭露国民党在兴义县的反动政府盘剥百姓、鱼肉人民的罪行。

根据斗争形势和组织决定，县立兴义中学老师杨汉文，职员张显扬，学生刘克昌、李德富、左元相、刘炳林、丁学良等人直接到罗盘区支队参加革命队伍，而蒋重等许多革命师生则继续留在本地开展地下工作，进行革命宣传，收集、传递情报等，为兴义人民的解放事业做出了重要贡献，有的还为革命事业献出了年轻的生命。

1926~1949 年，兴义中学在一批又一批师生员工的努力下，从初中到高中，从"县立"到"省县并立"，从一所到两所，不断发展壮大，以较高的办学水准，在贵州确立了其应有的地位，并逐步形成了其自强不息、经世致用、尊师重教、质量立校等优良传统。同时，学校的广大师生也积极追求进步，报效祖国，投身革命，为国家独立、人民解放做出了贡献。

1949 年年底，贵州解放，兴义解放，兴义中学也获得了解放，进入了新的时代，获得了新的发展。

3 传承创新乐奉献　爱岗敬业一中魂

和平接管　精简整合

1949 年年底，兴义解放，学校面临接管和整合，面临从国民政府学校向人民政府学校的转变。

新中国成立初期，本地设立兴仁专区，包括现在的兴义、兴仁、安龙、册亨、望谟、普安、晴隆、盘县、关岭等县。

1950 年 3 月 23 日，兴义土匪叛乱，攻占了县城，校档案大部分被烧。3 月 26 日，省政府文教部接管工作队到兴义接管中学，处理具体的接管事务。接管工作队包括刘荣富、林建栋、刘伯文、吴春发、李若虚、吴学林、陈筱华、高宝龙 8 位同志。工作组出发前，从维稳角度出发，通知省中教职工照常工作，负责保管好学校一切校舍设备和簿籍档案；通知原省中、县中学生于 3 月 20 日至 4 月 20 日到省中报到。为顺利完成接管工作，4 月 1 日，学校成立兴义中学接收委员会，主任委员为黄辅忠（县长），副主任委员为刘荣富，委员有吴春发、赖奕斌（教师）、刘崇文（职员），委员中还有学生张光治、刘凤鸣、黄恩赐、陈应品、刘驹芳、刘达繁和工友李汉光。

接管工作于 1950 年 4 月底结束，移交人是兴义省中校长黄自民，接收人是接收委员会刘荣富、刘伯文。贵州人民政府教育办公室发布指令称：根据本省当前的财政及学校数量，本着精简节约精神，减少数量，提高质量，兴仁专区整编为一所完全中学，委托兴仁专区代管。由于兴义的教育基础在本地相对较好，文化底蕴深，教育开启历史久远，兴仁专署据此决定在兴义设立完全中学一所，将原来的省中和县中合并，定名为"贵州省兴义中学"。校址在省中（即笔山书院旧址），位于目前的黔西南布依族苗族自治州民族师范学院湖南街的老校区。

1950 年 5 月 1 日开学，入学学生 116 人。6 月，贵州省人民政府教育办委任兴义县县长黄辅忠兼任兴义中学校长，学校的教学秩序才逐步走向正常。

1950 年秋，盘县师范学校迁至兴义，与兴义中学合并，成立贵州省兴义师范学校，学校设在兴义中学内。

1951 年，兴义中学学生有 30 余人报考军事院校，另外有 30 多名学生参加了中国人民志愿军，奔赴朝鲜战场，这年 3 月开学时，高初中共 9 个班，学生不到 300 人。另外，增开师范班和简师班，学生共计 323 人，教职工 21 人。

1952 年 10 月，兴义师范和兴义中学分开，兴义师范在省中。10 月 25 日，兴义中学搬到原县中处，就是现在兴义一中的校址，这时学校有教师 19 人，职工 10 人，高初中共 14 个班，学生 343 人。

接管、精简、合并、分离、迁址，记录了兴义一中这一段划时代变革的历史。

新旧变迁　教师改造

1950 年，兴义中学校长由兴义县县长黄辅忠兼任，吴炯心任副校长。吴炯心副校长实际上担负着主持校日常工作的重任。这位吴先生堪称布依族同胞的骄子，是位具有丰富经验的教育工作者。

民国女子小学校长吴炯心

吴先生于 20 世纪 20 年代初先后主管两所小学，即女子小学和女子师范；1926 年兴义县初级中学创立，他出任学监，即现在的教导主任；1944 年新建一所县中，他继罗心则之后又担起校长的重担。地方贤达曾赠"乐育英才"匾额一块，以表彰他 30 年地方教育的功绩。

1950 年，吴炯心先生先受聘于中等学校整顿委员会委员，继而担负起贵州省兴义中学的第一任领导工作。先生不负党的重托和学生的期盼，奔波劳碌，各项工作很快就绪，这年 5 月 1 日开学，教师有赖奕斌等人。新中国成立后党和政府非常重视教育，对兴义专区当时仅有的这所完全中学更是十分关注，很快，各科教师基本配齐。

新中国成立初期，教师队伍主要来源于原先学校和其他机关事业单位清理整顿后的人员，在学校发展需要的基础上予以吸收，选调任用。这些老师往往是以前的大学生或具有较高文化程度的人，他们功底扎实，各有所长，人品较好，谦虚谨慎，正派朴实，工作勤恳认真。他们还经历了"五大任务""三大运动"，以及"肃反""审干""思想改造"等政治运动的考验和锻炼。

当然，民国的教育方针和政策与新中国是存在巨大差别的，作为新中国的教师需要重新建立新的教育理念，因此需要对教师进行必要的思想教育。

当时，每周的政治和业务学习形成了制度，暑期还会集中学习。学校党委书记、宣传部长、政治部长等领导常给教师做报告和讲课，指导学习时事政治和方针政策，以及《社会发展史》《共同纲领》《中国革命和中国共产党》《论人民民主专政》和有关辩证唯物主义基本知识等方面的重要著作和文献。

学校还组织教师学习先进的教学论著和教学经验。老师们联系实际，讨论心得，做笔记，开展教学研究，极大提高了他们的教学思想水平和教学能力。

1952 年暑期，兴义中学教师集中贵阳，参加思想改造运动。时间从 8 月 8 日至 10 月 15 日，历时 69 天。学习班认真贯彻党对知识分子"团结、教育、改造"的方针，通过思想动员、学习文件、联系实际、检查工作、开展批评和自我批评、交代问题和写学习总结等，对封建的、买办的、法西斯奴化教育思想进行了深入的批判，加深人民教师对新民主主义教育方针和"中等教育是国家教育的重要环节，它必须为国家建设有效地服务"的认识。

"学习、学习、再学习"，老师们树立起新观点、新思想、新作风，具有了新生活、新面貌、新气派，确立了爱憎分明的立场、为人民服务的观念、辩证唯物主义的思想，拥护共产党，热爱新中国，热爱工农劳动人民，坚定了走社会主义道路的信念。他们严于律己，勤恳踏实，刻苦钻研，以苦为荣，以重为乐，任劳任怨；忠于职守，"诲人不倦"，"教学相长"；熟悉业务，成为行家。

思想改造后，1952年学校进一步充实力量，调来杨靖国任副校长（后为校长），任命高宝龙为副教导主任，林建栋为总务主任，教师有刘梦平、罗仲民、何怀祖、黄振华、花寿泉、刘伯文、刘建钊、吴传瑾、张静、高毓等20多人。此后，经过连年充实，兴义中学有了一支比较严整、精干的教师队伍。

百年来孕育和传承下来的一中精神是：不怕任何困难和挫折，与时俱进，永远保持前进的精气神。在两百多年的历史中，学校曾经碰到曲折，停办过，但又重新站起来，凭的就是一种不断自我创新和发展的精神，凭的就是一种"相信只要自己不打倒自己，任何困难和挫折都无法打倒自己"的精神。

现在，全面建设小康社会的旗帜迎风飘扬，中国梦的号角已经吹响，生逢盛世，一中人将继承传统，以饱满的热情迎接挑战。

与时俱进　群英荟萃

新中国成立后，学校师资的面貌、教师队伍的建设发生了巨大而深刻的变化。突出表现在以下几个方面：一是实行分配委派任用制度，教师为国家公职人员，属于干部之列；个人工作稳定，无失业之虞。二是实行固定工资制，逐月发放，工资虽不算高，但物价比较稳定，尚为实惠，且有保障，生活不必焦虑。三是人民教师为人民服务，具有很强的荣誉感、责任感。四是共产党的组织领导坚强有力，思想政治工作确实有效，教师总体觉悟提高，思想大大进步，有极强的向心力、凝聚力，重视集体智慧、集体力量。五是老师们通过种种渠道提高思想文化素质，其中主要是离职和在职学习、进修。

思想改造运动结束后，贵州省人民政府根据《教育部1952年工作计划要点》精神，选调了一批政治素质较好，有一定水平的干部到各中学担任行政领导工作。杨靖国校长就是这时到兴义中学的。稍后，又调来望谟中学副校长彭述纲担任教导主任。兴义中学领导力量大大加强，教学工作开创了新的局面。

很多老师还承担了组织上交给的额外任务，如为外县中学培训教师。他们言传身教，"传、帮、带"，为兴义地区教育事业出力，并发挥了骨干作用、示范作用、推动作用。

校长杨靖国，学者风范，厚道、质朴，工作从大处着眼、具体入手，深入细致，平易近人，真诚动人，是师生员工的好领导、好朋友。杨靖国校长专攻物理，率先垂范，认真备课，教学重点突出、条理分明，深受师生敬重，深得社会赞誉，任职数十年，一以贯之，直至年高退休，鞠躬尽瘁，为人民教育事业做出了突出的贡献。

彭述纲，贵州解放后，响应省委支边号召，被下放到黔西南，开办了普安、晴隆、贞丰、望谟各县中学。彭述纲常带着翻译深入苗寨布依村，动员少数民族子女入学，把党的温暖送到穷乡僻壤。他主持兴义中学教导工作期间，发挥专业特长，施展才华，遵循教学规律，贯彻全面发展方针，组织教学研究活动，采取有力措施，大力提高教学质量，成绩斐然，享誉黔西南，被赞为"我州人民教育事业的开拓者"。

1956 年 12 月，彭述纲和赖奕斌老师一同出席贵州省中小学和师范学校的教师代表会，受到贵州省人民政府的表彰、褒奖。

赖奕斌，终身从教，矢志不渝的老一代人民教师的光荣代表。学生称她的数学课"饶有趣味"，"几何讲得更好"。

刘梦平，毕业于河南大学理学院数学系，功底深厚，基本工扎实，任教多年，经验丰富，代数尤其讲得好，富有逻辑性，善于启发诱导，抓住关键，开拓解题思路，效果极佳。

黄振华，知识渊博，要求严格，好口才，语言生动、形象。他手执课本，眼望原文，口译《捕蛇者说》，流利、顺当、贴切，听者叫绝。凭一册《文学》课本，让学生获得了系统而全面的文学史常识。

刘伯文，历史教师，史料烂熟于心，讲授生动活泼，以史带论，趣味盎然。

华瑞祥，化学教师，作风严谨，经验丰富，讲课时，重点突出，内容精炼。

此外，外语教师任礼源工作程序严密有序；卢先庚在黑板上画圆一挥而就，与用圆规画相差无几；幸尧之关心学生生活；青年教师刘丽芳的勤奋等都为学生所称道。兴义中学因有这样呕心沥血的教师，教学质量稳步提升。

兴义一中重视人才，重视教学，注重教学质量，形成了学校的优良传统——教得严谨，学得勤奋，管理严格、科学。严谨、勤奋、严格、科学是前后相承的、一以贯之的、突出的、卓尔不群的。

兴义一中注重培养教学人才，有利于教师人才的成长。天下有识之士皆愿归居于此，因此这里名师辈出。

竞争的实质是文化的竞争，兴义一中及其前身在各朝各代能够表现不凡，皆来源于对人才的重视及深厚文化的感染和熏陶。"勤、慎、笃、敬"的校训就是最好的诠释。

兴义一中是黔西南及周边地区的文化发源地，是一枚灿烂辉煌的"文化核"，向四周放射光芒！

历史带走的是无数开拓者和发扬者的生命，传承的是源远流长的、不朽的文化。

"文革"摧残　教学混乱

1966 年"文化大革命"开始，学校停课，直至 1971 年 2 月，局面才有所改变，在此期间，由于派系斗争，教师队伍受到严重打击。

兴义一中在"文化大革命"中被打成"国民党统治的学校""反革命的老窝"，成为教育的重灾区，广大教师深受其害，被批斗处分、开除公职、遣送农村劳动改造、关押、判刑的就达 23 人，占教职工总数的 32%，使兴义一中教师队伍元气大伤。

平反冤假错案使广大教职工进一步认清"四人帮"的反动罪恶，坚信实事求是的原则，调动了广大教师的积极性。

1966 年 6 月，"文革"小组决定高中毕业班废除毕业考试和升学考试，初中和高中非毕业班不进行半期考试和学期考试，学生全部投入"文化大革命"运动。从此，学校教学秩序混乱，教学管理陷入瘫痪，很多教师被批斗，学生或回家，或参加红卫兵的各种"战斗队"。

1971 年 3 月学生招生复课，招收初中 7 个班，学生 395 人，高中 1 个班，学生 51 人，全校共 446 人。同年 9 月继续招生，全校共 19 个班，学生共 990 人。1973 年，高中学生 622 人，初中学生 678 人，全校 1300 人。这段时间学生人数有所增加，教学质量却严重下降。

党的十一届三中全会以后，学校在上级党政工作领导下，由党支部书记查长富同志负责，组成专门班子抓平反冤假错案。经过三年的辛勤工作，学校对"文化大革命"中的 23 个案件进行认真复查，报上级批准，全部平反改正、恢复原职原薪、补发部分工资的 3 人，共补发工资 4.6 万元。同时平反的案件有四清运动中的 1 件，反右派斗争中的 6 件，镇反运动中的 2 件，清退了在"文革"时期被查抄的 8 户教职工财物和书籍，不能清回原物的酌情折价赔偿，共折现金 2336 元。

文化需要政治的指导，但文化不是政治。解决一切问题的法宝，即一切从实际出发，实事求是；具体问题具体分析。

"创新是一个民族前进的不竭动力。"文化的发展有其自身的发展规律。

"文化大革命"的十年，热闹的是几届学生，荒废的是几代人，对于现代学生，我们应该明白：什么才是自己真正追求的，不能用自己的懒惰代替自己的吃苦耐劳，逃避追求学业的艰辛。

兴义一中的教师是永远经受得起历史考验和现实所面临的一切曲折的！

4　健全机构添动力　狠抓教学谱新篇

发展需要　节流开源

新中国成立后，政府拨款投入办学，年年都有所增加，但学校发展较快，经费仍显不足。学校总务处除管理好、用好政府拨款外，开源节流，开办农场，用所得收益补充学校办学经费。

1956 年，学校自筹资金 500 余元，在校附近北门处办起养猪场，养猪 30 余头，用来补助师生食堂。

1958 年，学校贯彻教育方针，自筹资金在丰都肖基凼农场，购置土地 30 余亩，师生定期到农场劳动，种苞谷、豆类，得到的收益用于补助师生食堂。

1960 年，学校自筹资金 2400 元，在响水购荒地 240 余亩，开办农场。师生开荒种地，先种红薯，后种苞谷、蔬菜等，在困难时期帮助师生渡过生活难关。

1961年，学校为帮助农村恢复农业生产，下放农村学生回乡生产。

1974年7月，学校用历年积存的经费7000余元与兴义县教育局的拨款20000元，共计27000元，在响水农场建起房屋，大小共5栋，其中有教室、学生住房（大宿舍可住50人）、办公室、保管室、厨房、养猪房、厕所等，可供两个班的学生上课和参加生产劳动。

1980年后，由于学习任务重，学生就在校内参加劳动，农场则承包给学校职工，后承包给农民，1986年，农场承包给黔西南布依族苗族自治州科委，用来种橘子树，每年学校纯收入3500元。

1988年10月，学校通过向州教委借款、自筹资金购置四开机等4台机器，兴义化肥厂赞助了2吨铅铸字钉，兴义纸厂支持用纸，兴义印刷厂指导技术，学校办起印刷厂。1995年，固定资产达到46000元。

1989~1994年，工厂每年平均利润9108元，其中1990年和1992年上缴学校13500元。

社会需要分工，然而时代使然，一切需要去面对。当时一切的认真和踏实，令人敬畏，敬畏当年的兴义一中人不畏艰难，千方百计筹资，只为办人民满意的教育事业，只为学生能学业有成。

爱岗敬业、艰苦奋斗、努力学习的品质，永远是兴义一中教师和学生继承和发扬的精神品质！

日臻强盛　永担责任

1952 年 10 月 25 日，兴义一中搬到县中后，校舍只有破旧的大成殿、配殿。大成殿改作大教室，同时隔出几间作为教师宿舍，几个教师住一间，配殿作教室，学生宿舍是临时搭建的简易房子。全校近 30 个教职工，挤在一间房子内办公。仪器仅有一箱新配发的物理仪器能够使用，其余基本不能用。图书只有《万文图库》完整，其余都是破旧不全的，办学条件极差。

1954 年，省教育厅拨款 21 万元给兴义中学建教学楼、实验楼等，1956 年完工，建成教学楼一幢，14 个教室、5 个办公室；实验楼一幢；简易礼堂一个。建筑面积共约 3100 平方米，建设余款用于购买图书和仪器。至此，兴义中学办学条件有了很大改善。

1956 年招收高中 2 个班，初中 4 个班，在校生高中共 4 个班 199 人，初中 9 个班 420 人，合计 13 个班 619 人，教职工增加到 58 人。1957 年，学生发展到 18 个班共 838 人，教职工也发展到 71 人。

1958～1959 年，兴义中学扩大招生，学生达 23 个班 857 名，同时，校舍及各种教学设备变得紧张。

1960 年 7 月 23 日，兴义县人民委员会通知："经报上级批准，我县增设第二中学一所，并将原兴义中学改名为'兴义县第一中学'，并代表省教育厅颁发新校印各一枚，于文到之日即行启用。"

1961 年，为恢复农业生产，学校实行精简下放政策，缩短中学教育战线，在校生精简为 12 个班 604 人，教职工精简为 42 人。1963 年设立"兴义一中捧鲊分校"（原农业中学改办而成，1969 年分校独立成为捧鲊中学），学校规模有所恢复。1966 年，高中在校生 6 个班 221 人，初中在校生 10 个班 415 人，合计 16 个班 636 人，教职工 67 人。

"文革"前期，兴义一中处于停课、半停课状态，停止招生。1971 年 3 月，正式复课，实行春秋两季招生，共招收高中 1 个班 51 人，初中 7 个班 395 人，共 446 人。同年 9 月继续招生，全校共 19 个班 990 人。1973 年，在校生人数达到 1300 人（高中 622 人，初中 678 人），由于办学条件的限制，此后的 20 年兴义一中基本保持在这个规模的水平上。

20 世纪 70 年代复课后，兴义一中办学开始从以办初中为主，转入高、初中并重，每年招生 5～6 个班（因高中学制短，高中在校生人数少于初中学生人数）。

1980 年，兴义一中被列为贵州省首批 24 所重点中学之一，并由省、行署共同领导管理，以行署领导为主。从此，兴义一中成为行署直属学校，由地区（州）教育局（委）直接管理。同时，兴义一中也逐步转向办高中为主，每年招初中生 2～3 个班，高中生 5～6 个班，学生规模保持在 22～24 个班，形成"高中大、初中小"的格局。

1982 年 5 月 1 日，黔西南布依族苗族自治州建立，兴义一中开始由州政府领导，州政府颁发了"黔西南布依族苗族自治州兴义市第一中学"新校印。习惯上仍简称"兴义一中"。此后，省、州加大了对兴义一中的投资，兴建校舍、增加设备，同时，分配大学生入校任教及从其他学校调来教师，使学校师资队伍壮大。

学校还按国家规定，通过办企业等多种渠道筹集资金，改善办学条件，使学校不断向现代化迈进。

1982～1994 年，学校规模在 24 个班左右，共 1300 人左右，其中高中 15～18 个班，初中 6～9 个班。

1994 年，学校建筑面积达到 20184 平方米，有教学楼 1 幢，24 个教室，2 个教师休息室；办公楼 1 幢，27 个办公室，大、小会议室各 1 个；实验楼 1 幢，有实验室 5 个，仪器保管准备室 3 个，图书、资料室各 1 个，阶梯教室 1 个；学生宿舍 2 幢，可住 600 余人。此外，还有食堂浴室 1 幢、综合楼 1 幢、教工宿舍 5 幢（可住 112 户及 8 个单身教师）、保卫室、收发室等。在设备方面，学校有齐全的理化生实验仪器，学生可分组进行实验；电教室，学生可以 2～3 人操作一台；语音室，60 个座位；5 万余册图书；数学、历史、地理等学科的标本、挂图、模型，语文、英语学科的录音机和磁带。体育设施有 3 个水泥球场、1 个田径运动场和必要的场地器材。音乐器材有钢琴、手风琴、脚踏风琴、电子琴及其他教具。

1984～1986 年，根据重点中学的高中要开办民族班的规定，兴义一中面向全州招收少数民族学生，每年招收 1 个民族高中班。自 1990 年起，每年招收的 1 个民族高中班的学生由各县民委、县教育局按分配名额保送，并且每位学生享受每月 20 元的生活补助费（州民委发放）。1991 年，兴义一中增办 1 个面向全州招生的普通高中班，不限民族，单独考试，择优录

兴义一中老校门

取。1993 年，民族班和普通班各有在校生 3 个班 150 人。

1993 年，黔西南布依族苗族自治州人民政府决定，为了集中力量办好高中，兴义一中停办初中。当年兴义一中只招收高中 6 个班，未招收初中班（1994 年，根据群众的要求和师资情况，恢复了初中招生）。

1994 年 9 月，经州人民政府批准，兴义一中兼办黔西南布依族苗族自治州民族高中，于 1949 年 9 月 5 日正式挂牌。

据 1994 年年底统计，全校教职工 130 人，其中高级教师 30 人，一级教师 55 人，共占教师总数（专任教师 97 人）的 88%。

2014 年，学校共有 70 个教学班，学生 4400 人左右，全校实行封闭式管理。学校教职工队伍 300 余人，并且每年从重点大学选取 8 名左右免费师范生到校任教，教师队伍不断壮大并优化。

2010 年，在州民委的支持下，兴义一中又开始每年招收民族班 1 个，该班学生享受民族政策的补助。另外，在上级部门的安排下，自 2010 年起，为支持册亨和望谟两县，兴义一中每年面向册亨和望谟两县招收 1 个班，并单独编班，称"册望班"。截至 2013 年 7 月，共招生 3 届，学生 150 人。

2013 年 6 月，第一届（2013 届）册望班毕业，共 46 人参加高考，其中一本达线 24 人，达线率为 52.2%，二本以上达线人数 43 人，达线率 93.5%。

现在，为照顾边远地区学生，兴义一中在制定招生政策上，对乡镇特设"指标生"，改变了一些乡镇从未有学生考上兴义一中的历史。兴义一中采取各种措施帮助边远地区和民族地区的教育发展，力求实行教育公平。

教书育人是学校的神圣使命，人民的政府办人民的教育，人民的教育为人民，兴义一中承担着巨大的社会功能。不管是在百年前还是现在，学校都为社会做出了重要的贡献；不管条件是如何艰难，学校都永远铭记自己的使命，克服困难，勇敢地承担自己的责任。

行政机构　沿革创新

兴义县初级中学初建时，设校长、学监（相当于教导主任）、班级设导师（相当于班主任）。校长负责学校的全盘工作，学校教师、职工的任聘，经费开支，招收学生等均由校长决定。学校机构为校长—学监—班级导师三级。1928～1949 年，设校长—教导主任、训育主任—班级导师三级。县中属兴义县领导，省中属省教育厅领导。

1950～1956 年，学校属省教育厅委托的地区行署教育科领导，校长由省教育厅任命，负责领导学校工作。第一任校长是兴义县县长黄辅忠兼任。教师由地区行署教育科调配。学校设正、副校长，教导处和总务处，教导处下设教研组，负责组织教师业务学习、备课和培训提高；班级设班主任，全面负责一个班的思想政治教育、学习、文体活动，学生的身体健康。学校机构为校长—主任（教导处、总务处）—班主任、教研组三级。

1956～1965年，兴义专区合并到安顺专区。1957年，贵州省教育厅指示："各地中学行政、业务管理应全部交给县、市"。当时，因兴义中学为完全中学，高中面向各县招生，仍由安顺专署直接领导管理。1965年，兴义专区恢复，兴义一中仍属专县两级共同管理。

1966～1979年，学校成立革命委员会，领导学校工作。革命委员会有主任、副主任、委员，委员中有教职工，也有学生。具体工作由委员分管。1971年至1972年8月，学生实行连排编制，年级为连，连长、指导员均由教师担任；教学班为排，排长由教师担任；排以下设班（即小组），班长由学生担任。1972年9月恢复教学班，仍设班主任。1973年9月恢复教导处和总务处。实行革命委员会—处（教导处、总务处）—班主任三级机构。学校革委会属兴义县革委会领导。

1974～1994年，兴义一中实行校长—教导（教务处、政教处、总务处、办公室）—班主任、教研组三级机构。1979～1980年属兴义县领导，1981年属地区行署领导，1982年以后属州政府领导。

2005～2014 年，兴义一中行政机构为：校长—处室（教务处、政教处、总务处、办公室、纪检监察室、组织人事科、信息中心、教科处、膳食科、保卫科、团委）—年级组、教研组—班主任、备课组四级机构。

2014 年，学校的校级领导班级成员有黄利君（党委副书记、校长）、胡静林（党委书记）、解天录（纪委书记）、徐蓉（工会主席）、严尚学（副校长）、饶正雄（副校长）、王甫尤（副校长）。

由于学校规模的不断扩大，为了规范管理，学校增设多个处室，比如纪检监察室、组织人事科、信息中心、教科处、保卫科等，它们都是伴随社会的进步和国家的改革及规范管理而产生的。

年级组和备课组，虽然不算是学校的一个正规意义上的行政级别机构，但在学校的管理和教学方面发挥着重要的作用。年级组在学校及各处室的领导下，全权负责一个年级的管理；备课组负责一个年级的某个学科的教学及教学研究。这是学校规模扩大、管理和教学优化的合理选择。

兴义一中的行政管理体系，随着时代的发展，不断创新，使兴义一中在发展中不断壮大。

党组活动　历史久远

早在抗日战争初期，兴义中学就有中共地下党员。1938年，曾毓嵩校长在贵阳聘请的教师顾思灵就是中共地下党员。他受省工委秦天真同志的指示，以国文教员的合法身份在兴义中学开展活动。顾思灵在中共兴义地下党的指导下，团结教师，利用一切可以利用的机会，宣传抗日和进步思想，使师生的爱国热情大为高涨。1938年，学生魏万祥（雷隆）、卢传琦（亚强）、汤可澄、贺发荣等秘密奔赴延安抗日军政大学，走上了抗日和革命的道路。

　　1947年下半年，罗心则校长从广西聘来的潘晓新教师（潘毓）、就是中共党员。他教学认真，深得学生喜爱。他常向学生讲社会发展史和革命形势，揭露国民党反动派的腐败，指出青年应走的道路。在潘晓初的引导下，黄玉文、王学书、王廷珍等学生先后参加革命。

　　1949年5月，中共罗盘区委派来兴义开展工作的高乐同志，在兴义县发展蒋重、杨一鸣、郭启宗、赵广义等加入中国共产党青年团，不久他们又加入中国共产党，在学校建立了党支部，由蒋重同志任党支部书记。1949年底至1950年初，兴义中学的很多师生加入中国人民解放军和征粮工作队。蒋重同志在泥凼征粮中献出了年轻的生命。

　　1950～1953年，上级部门先后派了几个中共党员到兴义一中来担任领导工作，但因党员少，没有成立党组织，就将成员编入地委宣传部党小组，参与组织活动。1954年11月，兴义中学和兴义师范联合成立党支部，中学有党员2人。

　　1956年，兴义中学有党员3名，成立了党小组，小组长由支部书记吴家龙兼任，1958年11月16日，中共兴义中学支部成立，支部书记为张义双、副书记为秦俊，共有党员6人。

　　1966～1970年，"文化大革命"期间，学校被迫暂停党组织的活动。

1970年3月，兴义一中进行整党建设，恢复了组织生活，成立了支部委员会。1976年粉碎"四人帮"后，兴义一中党支部进入健康发展的新阶段，党员增多，党支部下面再分党小组，支部委员会按照党章规定，按期进行改选。1989年，学校已有党员50余人。

1989年4月19日，兴义一中成立党支部委员会，委员会书记为张兴仁、副书记为程煜宗、副书记兼纪委书记为查长富，委员有姜子昌、徐蓉。党委下设文科、理科、行政、离退休教工四个党支部。党支部以下不再分党小组。

1993年9月，兴义一中党委正、副书记3人离退休，州委根据《中国教育改革和发展纲要》精神，决定在兴义一中成立党总支委员会，总支书记为李本华、副书记为姜子昌、陈玉先。总支委员会下设四个支部。

进入21世纪，随着社会的发展，兴义一中的党建工作也上了一个新台阶。从2005年11月起，党委书记由胡静林同志担任，副书记由校长黄利君担任，委员有严尚学、徐蓉、饶正雄、解天录、王甫尤。

兴义一中党委下设政体语党支部、学生工作党支部、生化党支部、英史地党支部、离退休党支部，党员共123人。

为适应全面建设小康社会的需要，增强党的阶级基础，改善党的组织机构，达到补充新鲜血液、提高党的战斗力、加强中学党建工作的目标，自2007年起，兴义一中开始面向全体教职工和全校学生开办业余党校。至2012年11月底共开班6

期，学员 1000 余人。这一举措极大地激励了广大青年特别是高中生学习党的知识的积极性，并加强了他们自身的道德修养，提高了他们的思想觉悟。

兴义一中的党组活动，历时久远，可谓根深蒂固。

工会组织　民主管理

1951 年，兴义中学成立工会（通常在工厂设立），工会主席为林建栋、副主席为赖奕斌。工会委员设组织委员、学习委员、福利委员、财务委员、女工委员等。各教研组、处室成立工会小组，各小组设小组长 1 人。小组和工会委员定期开展活动，以便团结教职工、完成学校交给的任务、帮助教职工解决困难等。

1957 年，工会处于停顿状态，直至 1963 年 12 月学校选举第二届工会委员会，1965 年 1 月选举第三届工会委员会。1966～1972 年工会活动被迫停止。1972 年工会恢复活动，选举了第四届工会委员会。以后学校每年按工会章程规定，按期进行换届选举，定期开展工会活动。

1986～2014 年，在学校党组织和州教育工会的领导下，学校工会主持召开了八届四次教职工代表大会，讨论学校大事和涉及教职工生活福利的重大问题，既充分发扬了民主，体现了依靠教职工办学的精神，又调动了广大教职工办好学校的积极性。

教职工代表大会是兴义一中进行规范化管理、科学民主决策的重要举措，只有充分发挥广大教职工主人翁精神，才能推动学校又好又快发展。

团会组织　机构健全

1949 年 5 月，兴义县中已有共青团组织。先后有蒋重、杨一鸣、郭启宗、赵广义、钟明辉、戴仲伟、胡发良、邹思共、丁学良、李昌久、肖植能等十余位同志加入中国新民主主义青年团。蒋重、杨一鸣、郭启宗、赵广义转为中国共产党党员以后，学生团员被编为两个支部，分别由钟明辉、戴仲伟担任团支部书记。

1953 年，兴义一中成立了团总支，团总支书记为王永尧。各年级成立团支部，班级成立团小组。同时成立了学生会，学生会下设若干部。教学班设班委会，由正、副班长和委员组成。

1955 年 8 月，上级派来团专职干部担任兴义一中团总支书记。

1955 年 12 月，国家教育部颁发了《中等学校学生条例》（简称《条例》），《条例》规定：学生会设主席、副主席各一人，秘书一人，下设文娱、体育、宣传、生活、劳动、学习等部。学校根据《条例》完善了学生会组织，并通过让学生参与学校管理，培养他们的自治能力。

学生会和班委会每年选举一次。1966 年共青团和学生会被迫停止活动，直至 1971 年 3 月才得以恢复，并逐步开展活动。

党的十一届三中全会以后，学校健康发展，团员人数增多，有 400 多名团员。经团州委批准，1984 年 6 月 18 日成立了共青团兴义一中委员会，团委书记为王元昆。团委以下，高中以年级为单位建立团总支，班级成立团支部，支部下分设团小组；初中设一个团总支，班级设立团支部。

进入 21 世纪，团委工作出现新亮点，开展了许多有特色的活动，团员人数也逐步增多，截至 2014 年，在校生中团员人数在 2000 人左右。

2013 年，学校对中层领导班子进行调整，团组织机构进一步优化。团委副书记由金勇、齐波担任。团委以下，各班建立团支部，设支部书记一名。

兴义一中团委，求真务实，围绕青年学生的发展需要积极开展各项活动，促进青年学生在思想、组织纪律，创新能力，实践动手能力等方面得到提高。

自 2006 年以来，兴义一中学生会办得有声有色，尤其是在新课改的教育思想指导下，充分发挥学生的主动性，积极参与学校的管理和年级的管理。有的年级成立"年级学生助理委员会"，它们在年级的卫生管理、纪律管理、学习管理、开展课外活动等方面发挥了积极的作用。

兴义一中学生会由学习社、纪律社、体育社、文艺社、文学社、校园广播站、学基会等组成，它们在兴义一中的体育文化艺术节等活动中发挥了积极作用，并以活动为载体促进了全校学生的全面发展。

兴义一中团委组织、学生会成员勤奋踏实，积极进取，不仅使自己得到锻炼和成长，而且为学校的管理做出了贡献。

改造扩建　硬件升格

2005 年，因为教育教学效果突出，硬件软件设施配套，兴义一中被评为省级示范性高中（二类）。自此，兴义一中进入发展的崭新机遇期。在此背景下，为探索中学教育新模式，兴义一中坚持"名校办民校"，以"高起点定位，高水平发展，高层次突破"为指导思想，扩大一中优质办学资源，创办了有自己特色的新型中学——顶效分校。

为了顺应教育发展的趋势，满足黔西南布依族苗族自治州人民的教育需求，兴义一中在顶效经济开发区新办分校，性质为民办公助的股份制学校，总投资 6000 万元，占地面积 350 亩，基础设施包括教学大楼、办公行政楼、实验楼、图书馆、体育馆、游泳池、运动场、公寓、食堂、浴室，还另建一个人工湖。建筑面积约 8000 平方米。学校建成后，高中、初中各办 40 个班，招收学生 4000 名，采取封闭式和军事化管理，采用信息多媒体技术开展教学。新校区于 2004 年陆续投入使用，经过三年的发展，2007 年 3 月，州政府将原兴义一中顶效分校改股份制学校为公办学校，作为兴义一中北校区。至此，兴义一中分为南校区（老城区校区）和北校区（顶效校区）。

由此，兴义一中南北校区实现了古典与现代的融合。南校区历史悠久，20 世纪 80 年代就是省级重点中学，学校环境优雅、文化底蕴厚重。

经百年磨炼，兴义一中实现了"教学设施标准化、教育管理规范化、教育思想现代化、学生素质优良化、学校办学特色化"，积淀了丰厚的文化底蕴，形成了独特的办学思想与教育传统，为国家培养了成千上万的高素质优秀人才，成为既能培养适应现代社会需要的高素质复合人才，又能为重点大学尤其是一流重点大学输送优秀生源的基地。

兴义一中北校区拥有融合古今中外建筑风格并富有民族特色的教学楼、科技楼、学生公寓、餐饮中心等建筑群，有400米标准跑道的运动场，有10个标准篮球场，拥有一流的教学设施和实验设备。经过努力，北校区的教育特色基本形成：实行全封闭半军事化管理，通过班主任、生活老师进行全方位育人；开设以英语教育为主的特色教育。学校以"为学生一生的成功奠基"为办学宗旨，追求使每位学生得到和谐发展的教育境界，培养学生具有健康的品德和健全的人格、良好的学业素养和基本的国际交往素养。

2007年3月，兴义一中北校区由股份制改为公有制，实现南北校区的同制合并，统一管理，统一教学。同时，由政府"埋单"，100多名教师全部纳入国家编制，实现教师资源的统一调度和整合，北校区以初中为主，南校区以高中为主。

由于北校区位于黔西南布依族苗族自治州顶效开发区，距离南校区十多公里，给学校的管理和教学带来诸多不便，同时为了保护和传承"百年一中"的文化底蕴，政府决定在南校区实施改扩建工程。

2009年，州委、州政府决定投资3.2亿元人民币，按照省级一类示范性高中的标准，对兴义一中校本部进行改扩建。建成后的兴义一中总占地面积182.4亩，总建筑面积为95587平方米，有教学楼、综合实验楼、学生公寓、学生食堂、操场、游泳馆、体育场、青年教师公寓等，能满足92个教学班4600名学生和340名教职员工的教学和生活。

2014 年 7 月，学生公寓、综合实验楼、学生食堂、学校多功能厅及办公楼已经建成并投入使用，其他建筑也正在施工当中。

兴义一中俯瞰图

2012 年 9 月，北校区搬迁到南校区，由州政府主导，学校将北校区的校舍转让给兴义市政府，兴义市政府划归义龙新区（原顶效开发区，区管委会在兴义一中原北校区创办了义龙中学）。兴义一中所有学生全部成功搬迁至校本部，由于新教学楼没有建好，学校在球场上搭建了 23 个板房作为临时教室。

地方政府始终把教育放在优先发展的位置上，按照省级一类示范性高中的标准对兴义一中进行改扩建，使兴义一中的硬件设施水平提高，为其申办省级一类示范性高中提供了坚实的硬件基础，并为兴义一中的进一步发展开辟了道路。

教学改革　软件提质

长期以来，兴义一中的教学质量在本地区一直处于突出地位。

早在书院高小时代，主持、讲授的先生们，秀才、举人、进士出身者不胜枚举，同时，留日学生、学者名流、教育大家也不乏其人。"县中""省中"时期，掌校者多为能人，重视知识，尊重人才，眼界开阔，学校从广西、贵阳等省市延聘众多思想进步、目光高远、博学多才之士来校任教。新中国成立后，党和国家更是重视教育，师资力量不断充实、加强，教师队伍充满活力，富有朝气。

新中国成立以来，兴义一中向高等学校输送了大批合格人才。1950～1956 年，兴义中学是黔西南地区唯一的一所普通完全中学，7 年中有 130 名高中毕业生升入高等学校；1957～1965 年，升入高等学校深造的学生共有 257 名，主要是兴义县籍学生；1977 年恢复高考后到 1993 年的 17 年中，兴义一中学生共被高等学校录取 1383 人，占同时期全州录取高校学生总数（8152 人）的 16.97%，居全州各完全中学之首。其中，1954 年兴义中学高考成绩居贵州省第 4 位。1958 年兴义中学高中毕业生 99 人，被大专院校录取的有 69 人，录取率为69.7%。1960 年毕业 47 人，38 人考入大学本科。高二学生胡隆芬、郑天碧等 6 人，经批准提前参加高考，均被本科院校录取。1978 年，兴义一中 6 人达重点线，本科 56 人，专科 14人，占总人数的 35%。1981 年和 1982 年被高校录取的人数分别为 67 人、62 人，居全州之首。

自 1984 年以来，兴义一中每年被本科录取的学生数均占全州被录取本科生总人数的 30% 以上。1994 年，兴义一中被本科录取的学生数为 122 人，占全州被录取的本科生数的 41%，创历史最高纪录。

新中国成立后的 17 年，学校行政部门精心管理，严格要求，深入课堂，扎扎实实抓教学，效果显著。教师刻苦钻研，交流切磋，细致备课，启发诱导，教学相长。学生勤奋刻苦，孜孜以求。

改革开放以来，学校行政部门解放思想，吸取经验，实事求是，制定出一系列加强教学管理的规章制度。教师们精神焕发，积极从事教学研究，进行教学改革，更好地把握学科特点和教学规律，冲破旧教学思想的束缚，着力于"双基"，培养能力，开发智力，课堂教学充满活力。

2007 年，胡静林担任校党委书记，黄利君担任校长，自此，在新领导班子的带领下，兴义一中不断改革、创新，教学质量逐步上升。

学校教育工作的主体是教学，教育的目的是要通过教学去实现。而教师是教学的中坚力量，在教与学这对矛盾中处于主导地位，从这个意义上讲，教师乃是教育之本，有优良的教师，才会有优良的学风、校风，才能培养出才华横溢的学生。兴义一中正是这样，一代代教师前赴后继，辛勤育人；一届届学生勤奋好学，基础扎实。经过不断努力，许多兴义一中学生在各行各业出类拔萃，卓有成就，创建了光辉业绩。

教师队伍的建设，是实现教学创新的人才基础，是全面育人的关键。兴义一中把师资队伍的优化纳入学校发展规划，吸收不同地域、不同文化背景的饱学之士，启动"兴义一中名师工程"，以国家级骨干教师为龙头，以省、州骨干教师培训为主干，以校本培训为核心，整体推动师资的优化。

长期以来，兴义一中形成了严、精、熟的教学风格和人性化的规范管理模式，教学水平和能力在传统教学中，始终处于全州的领先地位。现在，学校又借新课程改革之机，以EEPO 教学方式的引入为切入点，推动教学改革和创新，课堂教学又走在贵州省前列，在全国也有一定的影响力。仅2006 年 9 月至 2007 年 5 月，兴义一中接待了来自全国各地进行观摩、考察、调研的专家学者和教师共 15 批 100 多人次。兴义一中建立了一支"结构合理，合作敬业、观念超前、博学善导"的教师队伍，保证了学校健康、持续、稳定的发展。

由于办学条件的改善，教师队伍的优化，加上领导班子工作团结，认真贯彻教育方针和知识分子政策，以身作则，从严治校，兴义一中教育质量不断提高。

长期以来，兴义一中师生形成了优良学风，树立起优良校风。可以概括为：领导远见卓识，务实创新；老师严谨求精，敬业爱生；学生尊师守纪，勤奋进取。

兴义一中的学风、校风集中表现为"严、爱、勤、实"四个字，"严"字当头，从严治校，严格管理，严谨治学，严于律己；"爱"就是爱祖国，爱人民，爱科学，爱劳动，爱社会主义，尊师爱生；"勤"为勤勤恳恳，刻苦耐劳，奋发有为，不断进取；"实"为踏踏实实，忠贞、质朴，实事求是，实干苦干，一丝不苟。

2007 年，兴义一中被评为全国国防教育先进单位，同时成为成都军区国防生源基地；同年，兴义一中成为全州唯一一所进入国家教育部新学校计划的项目学校（贵州省仅有 12 所省级示范性高中进入）；还是中央教科所"贵州省德育实验区"及"德育实验区中心学校""贵州省中小学校管理协会理事单位""贵州省教师教育现代化教学实习基地""贵州省教育培训中心中学校长学习调研基地""黔西南州中学高级教师职称评审现场评课基地"。

2010 年 9 月，兴义一中按《贵州省高中新课程实施方案》启动了第一轮课改实验，并成为贵州省高中新课程改革实验样本校。

在新课改的浪潮下，兴义一中加强改革创新，狠抓教学质量，苦干与巧干结合，高定位、高发展，提高教学的技术含量，追求学生的全面发展。为学生一生的成功奠基，是一中人办学和教育的基本思路。

2011 年，兴义一中被贵州省委省政府评为 2010～2011 年全省文明单位。2013 年，兴义一中被贵州省教育厅评为全省高中新课程改革优秀实验学校。

2014 年 3 月，兴义一中实行新的备课制度：统一时间、统一地点、统一学案、统一教案，自主开发导学案，全面推进集体备课。在教学上进一步扩大学生的自主学习时间。这些改革措施在兴义一中的推行，将对一中的发展产生巨大的影响。

综观当代，兴义一中其间虽有曲折、起伏，但兴义一中所取得的成绩还是壮观的、有目共睹的，教学质量一直较好，位居贵州省内普通高中前列，为高等学校输送了大量合格新生，为国家建设事业，为工、农、军、文教、体卫、科技等各行各业培养了大批后备力量。

兴义一中重视教学，注重教学质量，形成了自己的优良传统、学风校风，最重要的一点是拥有很好的师资，他们崇尚师德，学有所专，各展其长，各尽其能，富于敬业。

兴义一中源远流长，文化底蕴深厚。其间，由于社会动乱等，校名不断更迭，办学曾短暂中断，但它的魂始终得以传承和延续，并蕴含了巨大的生命力和凝聚力，哺育了一代又一代的地方学子。从笔山书院所延续下来的教育和文化，对桂西北、黔西南、滇东南等地区产生了深远的影响。即使现在，它依然闪耀光芒。

二　名人名家

1　武定地方平蛮夷　文化天下修书院
——兴义教育先驱刘官礼

刘官礼，字统之，清兴义县下午屯人。生于清道光二十年（1840），殁于清宣统二年（1910），是兴义刘氏家族和贵州军阀兴义系中最重要的人物。刘氏祖籍湖南邵阳，清代嘉庆年间入黔，最后落籍兴义，以榨油为业，到咸丰年间已经成为富甲兴义的大户人家。

刘官礼在家中排行第三，晚年族人皆称其为"三爷爷"。他幼年便开始学习程朱理学，稍长，又涉《左氏春秋》，胸有大志，崇尚"观乎人文以化成天下"（文化天

刘官礼

下）。咸丰、同治年间，贵州民变四起，清军节节败退。为保住家业，刘家募集乡勇，大办团练，修筑下午屯城堡。此后，刘家的团练队伍日益壮大，成为黔中最为强悍的一支地方武装队伍。官府设团防局，主管团练事务，刘官礼自然而然成为团防局首脑。他率团练配合云贵清军剿灭叛乱，为稳定贵州立下了赫赫战功，被清廷擢升为知府，赏顶戴花翎，而后又加道衔。清光绪二十八年（1902），刘官礼又率团练配合官军，参与剿灭广西会党军（游勇），收复兴义县城，升任为滇西候补道，赏三品顶戴。据说，每任知县上任，要先拜刘家；兴义县有疑难问题要先请示刘家。云贵总督李经羲到任时，特意绕道兴义，拜访刘官礼，并恭维道："不意贵州有统老其人，竟有如此韬略！"辛亥革命后，贵阳白沙井街建起了有康有为榜书的"刘统之先生祠"。刘家在当时的显赫地位由此可见。

刘官礼戎马生涯，但崇文之心不灭。一直心怀"整饬地方""观乎人文以化成天下"的中原儒家"修齐治平"的远大理想。他认为"武功只是一时平乱权宜，并非整饬地方之计"，地方之所以落后，经常暴乱的根本原因乃是"文风衰靡"（李正江主编《兴义市志·附录》）。也就是说，兴义地处僻壤，山高谷深，民性刁蛮，愚顽不服教化，所以滋事生非，巧取豪夺，加之盐商、马帮、土匪、鸦片贩子纵横出没，社会混乱而无序，人心惶恐而狡黠，必须一文一武并而治之方为长治久安之道。因而在刘官礼的下半生，他便致力于兴学兴教。

清光绪八年（1882），刘官礼董事（总管之意）家乡教育，一面清理厘租，筹措教育经费；一面重金礼聘名士前来执

刘统之先生祠

康有为题字

教。次年，创设"培文局"，主管全县教育行政，并遵诏谕劝
募谷物赈灾，秋后加利充作教育款。光绪十五年（1889），刘

官礼与赵天如、林子亨等地方士绅在当时知府孙清彦的热情支持下，动用团防局历年积存的白银（大约10万两）于兴义城东北隅之老鹳坟（今兴义师院湖南路校址）购地新建笔山书院。因资金充裕，建设规模颇为宏伟，院舍3进共有房26楹，房屋百十间，有礼堂、山斗堂、讲堂、缮堂、斋房（宿舍）、教员憩息室（办公室）、教职员寝室（山长室、庶务室、教员室）等。新书院仍沿用老书院旧名，在大门石额题有"笔山书院"四个大字，并配石刻行楷对联一副，上联为："平地起楼台，看万间鳞次，五月鸠工，喜多士情殷梓里"；下联是："斯文无轸域，况榜挂天开，笔排山耸，愿诸生迹接蓬瀛。"院内建有四方圆角鱼池，池水清冽，通以小溪，围以石栏。中间的山斗堂上，悬有红底金字的"山斗堂"匾额，两旁联题"通今致用，修辞立诚"，概括了立院之目的。新建的笔山书院购置大量图书，是教学设施较为完善的一所书院。

刘官礼认为要使书院得以迅速发展，多出人才，首先得有一批名师，于是从光绪十六年至二十八年（1890～1902），他花重金（教师年俸三四百金，是当时普通年俸的2倍，相当于知府所得）诚聘省内外举人程光祖、周辅寰、庄南华、孙家瑶、桂馥、汤中、朱元模、赵廷光、雷廷珍、曾沛霖、徐天叙和进士吴成熙、叶鸿钩、姚华、熊范舆等来笔山书院执教。《兴义县志稿》载："甲辰（1904）徐天叙主讲时，指阅经史，分呈笔记，每月会邑中人士举行讲演，风气又一变。时笔山书院学务，蒸蒸日上，已达顶峰。所有受聘到兴义讲学诸名儒，刘统之无不优礼有加，待为上宾，结为世好，如安龙举人庄南华竟以其女字与显世为媳；贵阳熊铁崖以其女楚芳为其孙媳，即刘公亮之妇也。"由此书院名声大振，本县及邻县来求学者众多，书院几乎不堪容纳。

由于笔山书院几次遭受损毁，院内藏书所存无几。刘官礼就命侄儿刘显慎从地方公款项拨票银一万二千两，由雷廷珍开列书目，赴长沙购办各种典籍：如《十三经》（注疏）、《二十四史》、《三通》等，应有尽有。笔山书院藏书之富为各县之冠。县中生员（秀才、廪生、拔贡）及院中学子，都可借阅。

戊戌维新，废除科举，各省县书院都改设学堂。刘官礼在教育改革上颇能触及时代脉搏，顺应潮流，深感"兴义设县晚，科名较稀，高瞻远瞩，为地方百年大计，锐意兴学，优礼厚币，敦聘省内外名儒，创办城乡小学"。清光绪三十一年（1905），刘官礼改笔山书院为高等小学堂，礼聘贵阳有名举人张寿龄（号协陆，后留学日本，任贵州财政厅厅长）首任高等小学堂堂长，并于书院后山兴建教室、图书室、仪器室、仓房等。同时向上海商务印书馆订购参考书刊数千册，同年，刘官礼又出资由日本购进物理和化学仪器各一套，后又添置动植物及生理卫生标本挂图百余张，足敷中等学校的应用（民国5～12年，先后为过境军队所毁）。后有教育界名流聂树楷、解伯莹等先后担任堂长，因教学有方而成绩显著，邻省滇、桂及本省盘江八县慕名而来的学生日渐增多，每年有毕业生数十名，培养出了众多的栋梁之才。

光绪三十一年（1905），刘官礼以团防局名义保送王伯群、保衡、赵显彬、李映雪等赴日本留学，刘显治自费同往。

当时，由于兴义地方偏僻，文化闭塞，学过英、法、德等外语的人几乎没有。又因日文易学，中日途程较近，通信汇款方便，所以兴义派遣的留学生，全都到日本。那时，团防总局的存款还多，刘官礼就划拨部分款项，以地方公费派出学生留学日本，前后达数十人。所有旅费、伙食费、学费等全由地方包干（留学的人既有本县补助费，又领取清政府的国、省补助费，节约的学生如刘志道，毕业后还有可观的存款）。

光绪二十八年（1902）后，刘官礼年事已高，时培文局改称劝学所，由其长子刘显世任劝学所总董（相当于现在的教育局局长），掌管全县教育行政。又聘请省内外知名教师如陈树藩、端映江、董北平、刘炽昌、解伯莹、谢正初、尤远春等担任各科教学任务。学校学风淳朴，加之兴义仅有城区高等小学堂一所，城乡学生蜂拥来学，盛极一时。

永康堡（刘氏庄园）

刘官礼在当时动荡的时局和混杂的思潮中，能够平乱兴学，本身就是一个跌宕起伏的传奇。这位道台大人并不时常顶戴花翎，而是一袭蓝靛长袍加身，常手持云南水烟筒，人称"三爷爷"。他实现了自己"文化天下"的理想，成功地兴办了笔山书院。这种亦公亦私族学性质的学校，既成功地培植和壮大了家族姻亲势力，又成为后来民国军政风云人物的摇篮。在与回教、道教、佛教等各种思想文化的对立冲突之中，刘官礼以其影响，礼聘贤达，在兴义地区传承了华夏文明。可以说，刘官礼所重建的笔山书院既有振兴地方教育之功，又有为中原文明在蛮荒之地夺取地盘的归化之功。

2 编练地方游击军 黔桂两省有威名
——民国贵州游击军总司令刘显潜

刘显潜，字如渊，别号井陆。清同治三年（1864），出生于兴义下午屯。幼年时即入私塾，成年后，成为廪生，此后参加科举考试，屡试不中。其间，他的叔父刘官礼重金聘请当时贵州著名的经史学家雷玉峰（廷珍）主理兴义笔山书院，刘显潜偕同其堂弟刘显世等皆于笔山书院受教。刘显潜在雷玉峰先生的影响下，思

刘显潜

想上有了很大的变化，不再专注于科举考试，转而加入家族团练。光绪末年，广西会党进攻贵州，贵州各地兴办团练进行防御，其中刘氏的团练最强大。在剿灭会党骚乱中，刘显潜因功擢升管带，驻于贵州与广西的边境。广西巡抚沈秉堃器重刘显潜，擢升其为统带。

辛亥革命后，贵州独立，刘显潜堂弟刘显世任贵州军政府军政股长，刘显潜回到贵州兴义，招兵四个营。翌年，滇军唐继尧借道北伐，刘显潜率部投靠唐继尧。时逢贵阳发生政变，贵州军政府枢密长张百麟败走兴义，刘显潜进行了迎击，张百麟逃走。当时，兴义的彝族、苗族人趁乱起事，被刘显潜剿平，斩其首领安三妹。唐继尧信任刘显潜，乃命刘显潜主政兴义。民国 3 年（1914），刘显潜被任命为黔西道道尹，并兼任上游清乡督办，授四等文虎章。民国 4 年（1915），大总统袁世凯赐予四等嘉禾章。

在护国战争中，贵州独立，刘显潜驻南盘江，防备北方的北洋军，使北洋军不能前进。随后，刘显潜任援川总司令，但其尚未抵达四川，四川将军陈宧便已经背叛袁世凯，投向护国军。黎元洪继任大总统后，任命刘显潜为贵州游击军总司令，授陆军中将衔、一等文虎章。刘显潜的堂弟刘显世任贵州督军时，忌惮王文华（刘显世的外甥，黔军中的后起之秀），希望以刘显潜取代王文华，众人均不同意。刘显潜乃在兴义编练游击军，手下共万余人。不久，以王文华为首的黔军"新派"发动"民九事变"，赶走了刘显世的"旧派"，刘显潜随刘显世赴云南，刘显潜的游击军瓦解，官兵多成为土匪。

民国 10 年（1921），黔军将领袁祖铭（同为兴义军阀）刺杀王文华，组建了定黔军，秘密同刘显潜、刘显世兄弟结盟。刘显潜随后回到兴义，设西路指挥部，招集旧部。但其旧部多为土匪，广西土匪也趁机进入贵州，洗劫了南笼县，掳走1000 多名妇女。这引起了贵州民众对刘氏的痛恨。

起初，袁祖铭许诺让刘显世出任贵州省省长。但事成之后，袁祖铭背弃了盟约，自己出任省长，而任命刘显潜担任滇黔边防督办。刘显潜于兴义设督办，扩军至四个团，以滇军作为后援，同贵阳方面抗衡。民国 12 年（1923），唐继虞（滇军首领唐继尧之弟）率部入贵州，袁祖铭败退到四川。刘显世再次出任贵州省省长，刘显潜任军务会办，但军政实际上由唐继虞掌握。同年冬，刘显世患病，刘显潜代理省长。

刘氏庄园

民国 13 年（1924），袁祖铭重返贵阳，滇军向西撤退。当时，唐继尧企图控制两广，乃以刘显潜为第一陆军第七军总司令，主攻广西柳州，不久便败在李宗仁手下。随后，袁祖铭进入贵阳，唐继尧回到昆明，刘显潜解甲归田，回到兴义。

民国 27 年（1938），刘显潜病逝于兴义，享年 73 岁。

3　办学练兵皆有建树　平乱征伐称霸黔中
——黔军鼻祖刘显世

刘显世，号如周（如舟），字经硕，清同治九年农历四月初八（1870 年 5 月 8 日）生于贵州省兴义下午屯。其父刘官礼（统之）官至候补道台，手中掌握一支力量强大的地方武装——刘家团练，是兴义举足轻重的实权人物，同时，也是兴义教育的开拓者，为兴义教育的发展做出了巨大贡献。

刘显世

刘显世出身于如此显赫的家庭，虽幼时就入私塾，但不喜辞章，好问军旅。后来进入兴义笔山书院学习，投拜于当时著名经史学家雷玉峰（廷珍）门下。在先生的指导下，他潜心读书，增长了不少见识。雷玉峰的经史传授，对于兴义的乡绅子弟产生很大影响，刘显世后来对宪政党人特别亲信、重用，其弟刘显治在日本参加改良派，堂兄刘显潜热忱拥护"袁大皇帝"，均与雷玉峰的教育有密切关系。有一段史料记载："雷玉峰，贵州绥阳人，在黔甚至南方各省都算一个有数的经史学家。刘官礼不惜以重资迎聘来兴义长理笔山书院，为时三年。适张之洞督制两湖，电邀雷玉峰前往武汉长理两湖书院。显潜等以师生谊重，偕显世护送雷玉峰至贵阳，才挥泪话别。雷死于赴武汉途中，寄榇于重庆。后显潜外游京、沪，道出重庆，得知雷柩寄渝，便独力护送雷柩回遵义入葬，雷之感人如此！"

青年时代的刘显世，经过笔山书院的熏陶，性浑穆，孝亲友，外貌柔和，为人有胆略，能采纳他人建议，深得人心。清光绪二十八年（1902），刘显世接替其父任劝学所总董（相当于教育局局长），分赴四乡，劝导乡绅筹办初等小学。当时乡绅顽固派、老学究坚持八股科举制度，反对西学。他们明里暗里宣传"读洋书，就要信洋教；信洋教，就要灭祖宗"，"谁不是父母所生的呢？能做无父无君的人吗？"刘显世一方面以其家庭的权威，到各乡宣传科举制度的弊病；另一方面，力主创办新式学堂，学习西方科学知识，培养人才。经过辛苦奔走，各乡成立初等小学堂。仅在1902～1903年，兴义建立的初等小学堂就达70多所。辛亥革命前后，刘显世与其父刘官礼积极推荐、资助兴义学子出国留学，他们回国后在当地、省府乃至全国都有较大的影响。乡绅耆老对刘家崇拜得五体投地，对刘显世大力宣扬称颂："精明强干""浑厚友爱""其嘉惠地方后进者周且至"

"卓有远略"。

刘氏家族在兴义及周边征战杀伐，深得朝廷赏识，故而在下午屯和县城跋浪亭后院各修了忠烈祠一座。下午屯的祠堂题有一副对联："结团体成军，乱从此定；为同胞流血，死而犹荣。"刘显世遵循此庭训，虽十多岁即入书院读书，却热衷于团练，好夺功名。光绪二十三年（1897），刘显世27岁，代理其父办理团练，即招募旧部进行编练，置身军旅，开始其军旅生涯。光绪二十八年（1902），广西游勇流窜至兴义，刘显世兄弟率团练据堡抵抗，后游勇撤退。刘家因抵抗有功，朝廷批准增拨兵一营，叫靖边正营，连同原来的靖边团营，一并由刘官礼统领，刘显世任团营管带，刘显潜为正营管带，薪饷服装一律由国、省库开支。后来刘官礼因中风，腿脚不便，就令刘显世代理其事，刘显世从此掌握兵权。

1911年11月3日，贵州以新建陆军（新军）为中心响应武昌起义，也举行了反清起义。11月4日大汉贵州军政府成立。当时，刘显世以团练为主体的旧军支持清朝，后来在立宪派的枢密院副院长任可澄的引领下入贵阳，加入了贵州军政府。此后，刘显世任枢密院枢密员兼军事股主任、贵州中西两路统领等军事要职。

后来，刘显世的贵州旧军同贵州都督杨柏舟（字荩诚）的贵州新军对立。民国元年（1912）3月，刘显世在唐继尧率领的滇军帮助下将对立势力驱逐肃清。唐继尧就任贵州都督，刘显世任贵州国民军总司令。唐继尧和刘显世在民国2年

（1913）二次革命中支持袁世凯。同年11月，唐继尧就任云南都督，刘显世任贵州护军使，成为贵州的统治者。刘显世以后继续保持对袁世凯的忠实姿态，袁世凯为扩充势力，拉拢黔军，授予刘显世陆军中将衔。

民国4年（1915）12月，蔡锷和唐继尧为阻止袁世凯称帝而在云南发动护国战争。刘显世起初支持袁世凯称帝，后来转而支持护国军并发表贵州独立宣言，派王文华率黔军入四川省，黔军在护国战争中很活跃。护国战争结束后，北洋政府任命刘显世为贵州督军兼省长，授陆军上将衔。

刘显世在贵州省内继续扩军，大小事务都交由王文华督办，结果优势的军事力量掌握在王文华等军人派阀（"新派"）手中，由于各种原因，"新派"同刘显世代表的旧军人与政治家派阀（"旧派"）之间的对立加深。民国9年（1920），王文华发动了肃清旧派的行动（"民九事变"）。新派军人杀掉旧派骨干，刘显世也不得不下野。可是王文华在和部下袁祖铭的斗争中被暗杀，贵州政治形势再度混乱。

民国12年（1923）3月，刘显世获得唐继虞所率滇军的支援，驱走了袁祖铭，重归贵阳。此后，唐继虞任贵州军事善后督办，刘显世任辅佐唐继虞的贵州军事善后会办。民国13年（1924），势力重兴的袁祖铭同唐继尧和解，重返贵阳，刘显世与唐继虞共同撤退到昆明。自此，刘显世的军事和政治生涯均告终结。

民国16年（1927）10月14日，刘显世在昆明病逝。终年58岁。

4 半生奔波只为革命　情系交通魂牵教育
——国民政府交通部部长王伯群

王伯群

王伯群，生于清光绪十二年（1886），原名文选，又名荫泰，字字行，贵州兴义景家屯人，贵州军阀刘显世之外甥，黔军总司令王文华之胞兄。幼年时跟从父亲王虞成学习《周易》《尚书》，又学习阳明学、四书等。后来进入笔山书院，师从贵州姚华（茫父）、熊范舆（铁崖）、徐叔群三人攻读《孟子》《左传》和数理学。清光绪三十一年（1905），由兴义县以公费选送留学日本，入宏文学院政治经济科学习政治经济学。宣统二年（1910）毕业，继续在日本中央大学研究院学习，研究政治经济学。在日本期间，王伯群加入中国同盟会。

辛亥革命爆发后，王伯群归国，赴北京参加章炳麟（太炎）、程德全、张謇组织的"中华民国联合会"（后改称统一党）并任干事，后为组织该党贵州省支部而奔走。当时梁启超在北京组织进步党，也邀请王伯群任干事。民国3年（1914），他代表贵州参加民国政治会议，在北京参与制定《中华民国约法》。

民国 4 年（1915），袁世凯称帝，王伯群同贵州的进步党党员戴戡等人反对。他们同梁启超、蔡锷等人在天津秘密会谈，策划反袁起义。同年 12 月，王伯群帮蔡锷回到云南，参加同云南督军唐继尧的谋议。12 月末，蔡锷、唐继尧、梁启超组织护国军并发出反对袁世凯的电报，护国战争爆发。王伯群以及弟弟、黔军将领王文华向对起义持消极态度的贵州护军使刘显世施加压力，后来刘显世终于倒向了护国军方面。此后，王伯群成为护国军的骨干之一，为翌年 6 月护国军的胜利发挥了领导作用。护国战争胜利后，王伯群任贵州督军府总参赞及黔军总司令部秘书长。

王伯群旧居

此后，王伯群在贵州省内参与采矿相关业务，先后任裕黔公司董事、群益社理事长。民国 7 年（1918）11 月，他作为贵州省省长公署代表赴广州，支援孙文（孙中山）的护法运动。翌年，王伯群加入中华革命党，作为刘显世的代理人常驻上海。

民国 8 年（1919），旧派的贵州省政务厅厅长陈廷策被新派行刺负伤，同属旧派的贵州省财政厅厅长张协陆在新派逼迫下自杀（"民八事变"）。此后，王伯群、王文华兄弟在贵州省内的权力扩大。民国 9 年（1920）11 月，王文华发动对旧派的讨伐，刘显世被迫下野（"民九事变"）。但是，因迫使舅舅下野，政变之际又对旧派要人进行杀戮，王文华怕被批判而未担任贵州督军，此后赴上海王伯群处避居。

民国 10 年（1921）3 月，王文华遭北京政府支持的老部下袁祖铭暗杀。此后，贵州省的军人激烈争夺该省的主导权，失去弟弟的王伯群则不可能再介入贵州。民国 11 年（1922）3月，广东军政府任命王伯群为贵州省省长，但因袁祖铭的阻碍而未到任。同年，王伯群加入中国国民党。

民国 16 年（1927），国民政府建都南京，王伯群任政治会议委员、交通部部长兼交通大学校长及招商局监督。时因连年兵祸，交通事业备受摧折。他上任后，拟定交通事业革新方案，主张振兴铁路，统一邮政，创办航空，发展电讯，整顿交通教育，并拟有具体办法。王伯群任中身体力行，致力于交通改革，发展民族交通事业，并多有建树。其主要政绩有：收回外人主持之财政，免去法国人铁士兰邮政总办职；建立财政储金汇业局和真茹国际大电台；取消外国人在国内设立的电信营业局，设立国际电信局；开设南京、上海、武汉、青岛自动电话；将建设委员会在各地所设之无线电台收归交通部统一管理；接收英国人所设烟台、威海卫水线收发处；将腐败的招商局收归国营；恢复吴淞商船专科学校；停止海关、海乡的航空管理局，创设航政局接管其事，推行新政；设立沪、蓉航空管理处，开通定期航班，并与美商合办中国航空公司，与德商合办欧亚航空公司；制定重要交通法律、法规等。民国20年（1931）12月，因为同鸦片秘密贸易相关，王伯群遭到弹劾，被迫辞去交通部长职务。此后，他历任川滇黔视察专员、行政院驻平政务整理委员会委员。

民国13年（1924），王伯群与前厦门大学教授欧元怀、王毓祥等应厦门大学300失学青年的要求在上海创办私立大夏大学（现华东师范大学前身），聘马君武为校长，王伯群任董事长。民国16年（1927），马君武因筹备广西大学辞去大夏大学校长职位，此后，王伯群任校长。大夏创办之初，因无固定校址，以租房作教室。民国18年（1929）春，大夏大学学生逾千人，租房不能容纳，王伯群自出白银六七万两，贷款30多万元，于次年建成占地300余亩校舍，包括教学大楼、大礼堂、理科实验室、图书馆、体育馆、医疗室、疗养院、教职员宿舍、男女生宿舍、饭厅、浴室等建筑群及一条蜿蜒秀丽的校河等。在当时上海40多所私立大学中，大夏大学以建筑宏伟、环境优美著称。抗日战争开始，大夏大学一度与复旦大学合并成为联合大学，一设庐山，称复旦大夏第一联合大学；一设贵阳，称第二联合大学，王伯群任校长。庐山联大以原复旦师生为主，贵阳联大则以原大夏师生为主。后庐山联大迁至重庆，

与贵阳相距不远,遂解除联合,各恢复原校名。民国 29 年
(1940),王伯群多方劝募,择定于贵阳城郊花溪辟地 2000 余
亩为固定校址,因经费不足,只完成校舍三栋。民国 31 年
(1942),国民政府教育部拟将大夏大学与贵州农工学院合并,
改名为国立贵州大学,引起大夏师生强烈抗议。王伯群当即赴
渝奔走各方,与各校董商讨,要求教育部收回成命,最终维持
大夏大学体制不变。在王伯群去世后,1946 年 9 月,大夏师
生及公物安然回到上海。同年,大夏大学在校园内修建"思
群堂"以纪念王伯群,现址位于华东师范大学中山北路校
区内。

抗战期间,王伯群为了大夏大学师生的安危,四处奔走,
心力交瘁,积劳成疾。民国 33 年 (1944) 12 月 20 日,在重
庆的江北陆军医院因胃溃疡而逝世,享年 60 岁。王伯群育有
子女 5 人,遗著有《交通事业改革方案》《电政设施三年计
划》《航政建设纲要》《伯群文集》等。

5 神威能奋武 儒雅更知文
——黔军少帅王文华

王文华,字电轮,号果严,清光绪十六年(1890),生于
兴义县景家屯。父亲虞成,母亲刘氏(兴义军阀刘显世之
姊),兄长王伯群。王文华生而颖异,七八岁时,入塾读书,
朗朗上口,过目不忘。稍长后进入笔山书院,师从当时的书院
山长——清朝进士姚华。在笔山书院学习期间,课余常与乡绅

子弟在野外荷枪驰马，以此为乐。
王文华与朋友交往，崇尚意气，
不重钱财，朋友中只要有人被欺
侮，他一定会纠合众人去与对方
理论，直到对方认错为止；王文
华对家庭贫困的同学，常常毫不
犹豫地帮助他们，从不要求偿还。
于笔山书院毕业后，清光绪三十

王文华（右一）

二年（1906），与窦简之等结伴到贵阳，考入贵州通省公立中
学，随即转入贵阳优级师范选科学堂，肄业文科，精研史地，
对历代政治之因革得失、山川险阻之形势，颇具心得。课外，
他则喜欢阅读孟子、顾炎武等的著述，对"民贵君轻""众
治"的思想极为赞赏。又喜欢体操及拳术的锻炼，工于书法，
笔力雄健，有晋魏人的风格。

这时，孙中山民主革命风潮在国内广为传播，校内严禁
阅读革命书籍，王文华却常常偷阅《民报》等进步刊物，被
监学发现，多次记大过。也是在这时，他与贵州科学会张忞
结为忘年之交，并结识同盟会会员创办的自治学社张百麟、
平刚、钟昌祚等人，王文华倾向革命，剪掉发辫，以示反清
决心。还加入贵州陆军小学堂席正铭、阎崇阶、刘端裳等人
发起的反清秘密组织"历史研究会"。又经朋友介绍，加入
同盟会。

宣统二年（1910），王文华由贵阳优级师范毕业回兴义故
乡，任教高等小学堂（笔山书院），堂长李之白，学生300余

人，分甲乙丙丁 4 班，教员 10 余人，王文华任教员兼学监，教历史、地理、体操等课。他的教授内容侧重于启发学生的民主思想，以响应孙中山先生推翻清朝君主专制、建立民主共和的革命主张。常为学生讲述清代入关后嘉定三次、扬州十日之血腥屠杀，讲述道光、咸丰、同治年间曾国藩等围攻洪杨大军，以及鸦片战争后之《南京条约》，中日战争后之《马关条约》，八国联军后之"庚子赔款"，中法战争后之割让安南等丧权辱国之史实，以启发教育学生。王文华尊太平天国为正统，斥曾国藩辈为汉奸，教人之所不敢教，言人之所不敢言，义正词严，学生敬服。

宣统三年（1911），李之白先生辞职，王文华任堂长，他选拔各班优秀学生 30 余人，成立"星期日师生茶话会"。茶话会由他主持，讲校内应兴应革事宜，无论管理、教学、军事、卫生，学生均各抒己见，畅所欲言，他还启示学生阅读报章杂志，留心时事。他由贵阳动身时，将藏于风琴内所运来的革命书刊，如《革命军》《狮子吼》《陈天华蹈海记》等，分给学生秘密传阅。从此，学生思想渐变，倾向革命，并渐渐流露于谈吐中，甚至有剪发表示决心的（王文华的头发，在贵阳已剪去。当时剪发，被视为革命党，为政府所不许）。

1911 年 4 月 27 日，广州起义爆发，王文华异常兴奋，准备在兴义纠合学生，继广州之后起义，王文华悉心策划，暗中准备，鼓吹爱国尚武精神，提倡学生军事体操，向团防局借取步枪 30 支，轮班练习。他在变换队形、提枪劈刺等方面教导

王文华故里

有方，学生进步很快。10 月 10 日，武昌起义爆发，消息传到
兴义后，王文华准备率学生于农历重阳日以"打野操"为名，
乘机起义，进攻县署，宣布兴义独立。因当局怀疑，没有成
功。其间，他与窦居仁、何辑五（何应钦的弟弟）等创办兴
义体育学会，开辟操场于高等小学堂，建设体育设施，购置体
育器械，聘请袁祖铭、王慎一等任教习，从靖边团营挑选 100

余人为学生，开展正规的体操教育和训练，暗中储备基层革命军事力量，侍机待发。

时值刘显世奉贵州巡抚沈瑜庆电令募兵500人，兼程赴贵阳守卫省城。王文华即与刘显世商议，并得到刘显世的许可，辞去堂长职务弃笔从戎，除征集原有体育学校学生100余人外，再募壮丁300余人，共500人，于1911年重阳后一日，由兴义出发。行至安顺，贵阳自治党人已联合新军联队官兵及陆军、法政两校学生，于农历九月十一日夜起义，十四日宣布贵州光复，成立大汉贵州军政府，沈瑜庆退职。此时，刘显世畏葸不前，欲回兴义。王文华陈述利害，鼓动刘显世入贵阳，并自荐到贵阳与革命党人联络。王文华进入贵阳后通过张百麟（时任军政府枢密院长，系王文华旧交）表示拥护革命，得到大汉军政府同意。刘显世遂率部进入贵阳，所部编为陆军第四标第一营，刘显世任标统，王文华任管带。当时贵阳刚刚光复，哥老会盛行，盗贼频发，扰乱治安，唯独王文华驻地安然如常，日夜督练士卒，精研战术，重视纪律，约束部众，保卫百姓，对民间秋毫无犯。

中华民国成立后，王文华就任新军营长。1913年，滇军唐继尧任贵州都督，王文华被任命为贵州省警察厅厅长。同年秋，唐继尧转任云南都督，刘显世任贵州护军使，成为贵州省的最高军政长官，王文华兼任副长官。当时，王文华向刘显世提议将原有的巡防营改革为新军，改革实行后，王文华任黔军第1团团长。

1915年12月，云南的蔡锷、唐继尧发动护国战争。刘显

世既不希望举起反袁世凯的旗帜，又不愿同唐继尧决裂。后经
王文华、贵州巡按使戴戡的劝说，刘显世在军事及政治压力下
决定反袁。1916 年 1 月 27 日，刘显世发表贵州独立宣言（反
袁宣言）。王文华被任命为护国第 1 军左翼东路司令，率精锐
的黔军 3 个团出击四川、湖南省境。王文华率黔军在各地击败
北京政府军队，立下军功，为护国军的胜利做出贡献。

护国战争胜利后，王文华以战功升任黔军第 1 师师长，出
征四川省并一度担任四川军务会办。其后，四川省的川军指挥
官进行抗争，王文华成为他们的攻击目标，不久黔军战败。
1917 年 8 月，王文华秘密赴上海，会见孙文并加入中华革命
党。王文华以及支持孙文派的若干军人被视为贵州省内的
"新派"，而支持北京政府（后为唐继尧）派的旧军人、政界
及财经界实力人物在刘显世的领导下被视为"旧派"，双方逐
渐对立。

1918 年 11 月，王文华支持贵州讲武学校校长何应钦创立
少年贵州会，吸收青年入会。该会宗旨是扬中华民国朝气，唤
起民众，改造贵州乃至中国。少年贵州会是贵州第一个全省性
的革命团体，发展较快，到次年，全省各县已设支部 26 个，
仅贵阳的会员就达 2800 余人。后在"少年贵州会"的基础
上，王文华又创办《少年贵州日报》，该报刊倡导新文化运
动，是当时贵州诸报中最进步的报纸。

1919 年，五四运动的消息传到贵州后，王文华、何应钦、
王伯群、谷正伦等少年贵州会成员积极活动，于 6 月 1 日成立
贵州国民大会，号召反对日本帝国主义，反对北京政府。"黔

民应奋起直追，积极报国"。贵州国民大会通电全国民众，请求取消二十一条，惩办卖国贼段祺瑞、徐树铮、曹汝霖等，并要求释放被扣学生。同时，王文华开办初习学校，开演讲会、演话剧等，在全省各地街头巷尾广为宣传。贵州"五四"运动得到迅速发展。

1920年11月，王文华发动事变，将刘显世打倒，刘显世被迫下野（"民九事变"）。但是，王文华推翻了舅舅刘显世，而且对旧派要人进行杀戮，从而遭到批判，王文华无法回到贵州。于是，王文华推举支持孙文派的军人卢焘代理黔军总司令，自己则以上海为据点，从事支援孙文的活动，准备过一段时期再回贵州。

1921年3月16日，袁祖铭在北洋政府的支持和授意下，收买刺客，在上海一品香饭店将王刺死。王文华享年33岁，葬于杭州孤山。之后，国民政府北伐成功，统一全国，为追念王文华功勋，于1930年春，明令褒扬，以昭勋业。1940年，国民政府追授王文华为陆军上将。

6 勤奋执著"乡巴佬" 青云得志总司令

——国民政府陆军总司令、行政院院长何应钦

何应钦，1889年4月2日，出生在贵州兴义市泥凼镇，上有两个哥哥，排行第三。其祖辈于清朝中期由江西临川随军出镇贵州，由行伍转为经商兼事农耕，先后落点于黄草坝、捧鲊，最后定居泥凼的风波湾。

何家家境虽较富裕，但几代
人持家俭朴勤劳。何应钦自幼身
强体健，四五岁时就跟两个哥哥
上山砍柴放牛，逐渐形成了勤
劳、执著、倔强的性格。一次村
中几个儿童放牛时打赌谁能骑到
一头脾气暴躁的黑牯牛的牛背上
去，结果年龄最小的何应钦在被
牛掀下地3次，摔得头上起包、
鼻中流血之后，终于稳稳地骑到
了牛背上。

何应钦

　　何应钦7岁发蒙就读于泥凼私塾，勤奋好学，深得老师喜
爱。1905年，何应钦16岁时，一天下午放学回家，见家中无
人，于是在楼上玩其父的毛瑟枪，不慎走火，打穿屋顶。他怕
父亲责骂，急忙跑到附近亲戚家躲避。次日一早，一个人单独
跑到县城，适逢县里高等小学堂（兴义一中前身）招生，他
竟一下子考上了。入学之初，城中士绅子弟见他身穿土布青
衣，脚穿露趾草鞋，举止随便，一个地地道道的农村娃模样，
于是戏称他为"乡巴佬"。何应钦性格倔强，根本不把这蔑称
放在眼里，只一个劲儿地刻苦学习，暗中与这些城里士绅子弟
比个高低。同时，他坚持锻炼身体，风雨无阻。

　　1907年冬，贵阳陆军小学在全省征选学生，何应钦与同
班同学李毓华、李儒清等同到贵阳，考取该校。1908年，他
又与二李一起被选送到武昌陆军第三中学；次年秋，清政府陆

军部招考留日学生，他又以第一名的好成绩应选，入日本振武学校。在校期间，何应钦加入孙中山创办的同盟会。1911 年武昌起义胜利的消息传到日本后，他与其他同盟会会员回国，与蒋介石同在驻节上海的陈英士（陈其美）的沪军都督府任职，先后任科员、连长、营长。讨袁失败后，何再次东渡日本，继续学习。结业后转入日本士官学校 27 期步科，1916 年毕业于日本士官学校。

1916 年何应钦毕业回国，在黔军历任营长、团长、旅长、参谋长等职。1922 年夏任云南讲武堂教务长。民国 12 年（1923）秋，何应钦首次到广州晋谒孙中山，被委任为大本营参议，并以大本营军事参议名义，协助筹建黄埔军校事宜。民国 13 年（1924）5 月 9 日，蒋介石被任命为黄埔军校校长，何应钦任总教官。9 月 3 日奉命筹备成立教导团。10 月 12 日蒋介石、廖仲恺正式委任其任黄埔军校教导团团长，10 月 13 日兼代军校教练部主任。11 月 20 日，黄埔军校教导团正式成立，何应钦宣誓就职，同时辞去军校总教官和兼代教练部主任之职。后兼教导一团团长，成为蒋介石的亲信。1925 年何应钦任国民革命军第一军第一师师长，参加平定商团叛乱、刘杨叛乱和两次东征陈炯明。1926 年任第一军军长兼黄埔军校教育长，同年 7 月率第一军参加北伐。

1929 年何应钦任国民党海陆空司令部参谋长，在国民党"三大"上当选为中央执行委员。1930 年任国民政府军政部部长。后任"剿共"军前线指挥，参与对中央苏区的第一、第二、第四次军事"围剿"。1931 年九一八事变后，何应钦主张对日本帝国主义妥协投降，任国民党中央政治会议特别事务委员会委员。1933 年任北平军分会代理委员长，与日本签订出卖国家主权的《塘沽协定》《何梅协定》。1936 年西安事变爆发后，暂代总司令职，主张"武力讨伐"张杨。

1937 年抗日战争爆发后，何应钦任第四战区司令长官。1938 年任军事委员会参谋长，负责战时的军制、计划和指挥。1941 年和蒋介石一起策划了皖南事变。1944 年任中国陆军总司令，指挥了长衡会战和湘西反攻战。

何应钦很珍视在兴义高等小学堂读书的 3 年时间，1945 年他偕同参谋长美军中将麦克鲁由昆明返贵阳，在兴义逗留了 5 天。何应钦抵达兴义的第二天上午，兴义各界在省立兴义中学操场（当年的笔山书院）开会欢迎他。他提前一个多小时到达，与陪同的省中校长和兴义各界士绅在校内各处参观，指指点点：那里是他当年的教室，那里是寝室……讲述当年的一些教师和教学情况，也提到一些故去和健在的同学旧友，颇多感触。

何应钦在欢迎大会讲话中，以"勤""俭""诚"为题，现身说法，勉励在场青年和学生。谈到"勤"时说，当年在这里读书时，起早睡晚，全神贯注地读书，同学之间互相竞争，唯恐后人。"我的资质平常，但我能勤奋学习，可说是手不释卷"。"人们叫我'乡巴佬'，可我的成绩也还能赶上别人。"谈到"俭"字时，他说："当学生时，穿的是粗蓝土布，或是学校发的公服，吃的是学生大伙食。现在也一样节约，不吸烟，不饮酒，不赌博。"他还说他 30 年来没买过一亩地，在

何应钦故居

贵阳、重庆、兴义没有自盖一间房子。谈到"诚"字时，他说他一生对人对事都以诚相待，不玩弄权术，故能得到各级的信任，泰然处理一切军政事务，履险如夷，没有出过大的乱子。

1945 年，中国抗战胜利，日本宣布无条件投降，何应钦代表中国政府接受日本投降。受降仪式开始时，坐在受降席上方的是中国陆军总司令何应钦，及陆、海、空军上将顾祝同、陈绍宽、张廷孟等 5 人；下方投降位置上是日本驻华派遣军司令冈村宁次大将、参谋长小林线太郎中将、副总参谋长今井武夫少将和舰队司令官福田中将等人；东西两侧观察席上有美国军官和中外记者，还有中国官员汤恩伯、李明扬、郑洞国、廖耀湘、谷正纲等人。日军参谋长把日军的编制、人数、装备、驻地等清册双手捧交给何应钦的参谋长肖毅肃，接着是冈村宁次向何应钦递交投降书。

何应钦接受日本投降

当时的中国陆军总司令何应钦，不但代表中国政府和人民，而且也代表东南亚战区盟军，包括苏联、越南、朝鲜、缅甸、泰国等国接受冈村宁次代表日本政府的投降。这是何应钦一生中最值得炫耀和自豪的事，是他一生的顶点。

1946年何应钦任重庆行营主任，后赴美任联合国军事参谋委员会中国政府代表。1948年回国，任国防部部长，支持蒋介石发动反革命内战。1949年年初，蒋介石"下野"时，何应钦一度任国民党政府行政院院长，旋即辞职。8月去台湾，历任"总统府"战略顾问委员会主任、国民党中央评议委员、"中日文化经济协会会长"、"红十字总会"会长等职。1982年何应钦发起组织所谓"三民主义统一中国大同盟"。1987年10月21日在台北病逝，终年98岁。

何公馆

7 心系国家入军旅 泽被乡里重教育
——国民政府贵州省建设厅厅长窦居仁

窦居仁（1889～1952），号以庄，贵州省兴义市革里乡人。幼年从父宝山（前清秀才）于家中习读四书五经，稍长进入兴义笔山书院学习，师从筑中名人姚华、徐天叙、熊铁崖等，深受他们的影响。清光绪三十三年（1907），奉父命入滇陆军学堂学兵事。毕业后回兴义，与王文华（电轮）等倡办体操学会，练习军事操，提倡尚武精神，增强国民体格，振兴中华。其真意在联络同志，鼓吹民主革命，伺机举事。1908年，贵州矿业学校招生，窦居仁被保送到贵阳肄业，"更得与省中革命志士相结纳，辛亥贵州起义，亦与其谋"。

贵州军政府成立，窦居仁入王文华部。护国战争中随王文华辗转前线，英勇善战，大振军威。战争胜利，荣膺陆军上校衔，获四等文虎勋章。护法运动中隶属第一混成旅卢焘部，随军出川，攻克吴光兴部，之后又攻克刘存厚部，护法之役暂告段落。

1920 年，黔军由川回黔发动"民九事变"，卢焘任黔军代总司令，窦居仁被升任黔军第一混成旅旅长，率部驻铜仁。后因贵州军人内讧，窦居仁失去兵权，随王伯群赴上海转寓杭州。民国 16 年（1927），贵州省省长周西成聘其为省政府高等顾问。民国 18 年（1929），受贵州省主席毛光翔之托，窦居仁赴南京请何应钦转向蒋介石表达诚意，他因此受任为贵州省政府委员兼建设厅厅长；又受国民党中央派为国民党贵州省党务委员会委员。1935 年以后，由于局势动荡，窦居仁的生活一度陷入窘迫，他也对时局失望，故而于 1939 年回到兴义居住。

窦居仁对家乡教育事业非常关心，在贵阳任职时，竭力资助在外读书的黔籍学子，以资其能完成学业，服务家乡。对于在贵阳读书的兴义学生，窦居仁常在官舍设宴招待，即席谆谆训诲，勉励大家努力学习，将来为地方服务。窦居仁常以地方的光荣教育史鼓励在省学生，给他们讲兴义笔山书院走出来的名人学者，学生们深受鼓舞。他还特别提到学校学风淳朴，学习气氛浓厚，成绩"为全省之冠"。

1926 年，兴义开办中学（今兴义一中）。因兴义籍学生占近半数，安龙中学的袁廷泰（袁祖铭父亲）以兴义成立的中学妨碍安龙中学的招生为名，函电请省主席周西成不准兴义中学立案。1927 年，窦居仁由滇经兴义到贵阳，兴义人据实以告。窦居仁到贵阳后，就与周西成、周恭寿力争，兴义中学才被批准恢复。窦居仁在贵阳为兴义中学聘请校长如车筱舟和名师钱文鹄等，使兴义中学的教学质量有所提高。此外，窦居仁还对这些服务于兴义中学的领导和老师予以感谢或奖勉。1931 年，窦居仁回乡奔母丧，听说家乡女生想读书却遭到舆论及父母的反对，窦居仁苦口婆心说服这些家长，带上这些学生赴贵阳，进入贵州省立女师初中部学习，使男女学生有了公平的教育机会。这些都是窦居仁为家乡教育所做的贡献。

窦居仁除对家乡教育事业关心外，对其他公益事业也不遗余力。

民国 28 年（1939），窦居仁参加了兴义到江底河的滇黔段公路的查勘线路工作，并提供施工方案。继又赶修安龙到八渡公路的册亨者楼至板王一段，窦亲自到段督工，三月完成，受到省府、专署的嘉奖。

民国 29 年（1940），窦筹集股金，成立董事会，成立民生商店，主要购销中、小学教科书，参考书及文具用品，使之能及时和满足供应，惠及周边各县以及广西西隆、西林等县的学校。

民国 33 年（1944）。窦居仁被推任兴义县临时参议会会长。

1945 年，窦居仁多方奔走，积极主张成立贵州省的第一个县银行——兴义县银行，为兴义的金融事业发展起到一定的作用。

1950 年 5 月，窦居仁任兴义县剿匪委员会副主任委员。兴义县解放后，他被推选为兴义县各族各界人民代表会议常设委员会副主任、驻会委员会副主任。

窦居仁一生为人笃厚刚正，性温和，平易近人，轻易不疾言厉色。对邻里乡党，不管是农民或晋绅，都能一视同仁。毕生倾注于家乡的发展，颇有建树。于 1952 年，逝于兴义革里家中，享年 63 岁。

8 人赞回春手 医传盖世功
——"黔之医怪"王聘贤

王聘贤，名国士，字聘贤，清光绪二十三年（1897）3 月 11 日出生于贵州省兴义县，少时在笔山书院就读，后随曾祖父到贵阳定居。辛亥革命后，就读于贵阳南明中学。卒业后，于 1917 年随田君亮、刘方岳、徐绍虞（彝）等人赴日本留学，在东京明治大学先攻读政治经济学，获学士学位，后又转入九洲医科大学，潜心学习西医的基础理论等。

王聘贤一生谢绝仕途，苦钻中医，拜访各方名医，同时还注重西医诊治疾病知识的学习，并跋涉桂、湘、川、黔各地的山、河、林、野，鉴识药物。因师出名门，学识渊博，对中医的内、外、妇、儿、五官、外伤等科都有研究。王聘贤整理了400 多种药物，分别说明药物的性质、功效和用法，印在一种绵性很强的包装纸上，以指导病人服药。

1930年王聘贤回到贵阳，受聘为生生药房坐堂医生兼任药房总顾问，以实现其"济世愿望"，正式开业行医。在诊务中，精辩证，审异同，考据百家，立治法，选方药，独具匠心，故悬壶伊始，即负盛名，贵阳人誉称为四大名医之首。1934～1938年曾任贵州省中医考试委员会委员；1942～1947年任贵阳市中医师公会常务监事、考试院西南区专门技术人员考试襄试委员，贵州省中医鉴定委员会委员等职；1950～1965年曾任贵州省卫生厅副厅长、贵州省中医研究所所长等职，曾为贵州省人民代表、贵阳市政协委员等。贵州省中医研究所创建时，他将自己一生所收藏的历代医学书籍、文献数千部，以及全部二十四史和大量的考据、参考书籍，无偿地赠送，供中医工作者使用。并把从他人手中用重金赎回的中医珍籍、巨册装、大彩绘、毛笔手书的明代皇宫中的御书《补遗雷公炮制便览》献给国家。

王聘贤在笔山书院走出来的学医学生中，影响力最大。贵州德昌祥公司拳头产品"妇科再造丸"——名媛淑女的"闺中之宝"，就是王聘贤先生所创，该药畅销全国，至今已有70余年。1965年3月5日，一代医怪王聘贤病故于贵阳，终年68岁。

9　棂星门下荟萃群英　中华大地尽显风流

（1926年成立兴义初级中学后部分校友小传）

著名核电专家、总工程师——罗安仁

罗安仁，1929年3月生，贵州盘县人。1942年1月至1944年6月于贵州省立兴义中学（今兴义一中）高中第二期学习，1944 年 9 月至 1948 年 6 月在贵阳师院理化系学习，毕业后留校任助教，于 1949 年 9 月在云南板桥加入中国共产党。贵阳解放后，任贵阳师院校务委员会委员、新民主主义青年团支部书记、

罗安仁

总支书记。1951 年 9 月至 1955 年 10 月，罗安仁在苏联彼得格勒大学学习核物理专业。1955 年 10 月至 1956 年 12 月，在苏联科学院实习，1956 年年底回国后，在原子能研究所任组长、副主任，1976 年到核工业部情报所工作，1982 年任核工业部科技委员会副秘书长，1983 年 10 月，调国务院核电领导小组办公室工作，任研究员、副主任、总工程师等职务。1995 年 9 月离休。

罗安仁同志离休后继续发挥所长，献身核电，任大亚湾核电站、华能公司煤代油筹备处顾问，作为核电领导小组办公室的代表常驻大亚湾核电站，并参与了大亚湾核电站的建设工作。特别是 2005～2006 年，受科技部高科技司委托，罗安仁负责评审我国快中子反应堆实验电站的概算调整工作。他深入调查，发现"工期一拖几年，造价成倍上升"问题的关键在于管理不善。他针对这一问题，提出推广现代化管理经验，为该工程降低了成本，减少了损失。2007 年，罗安仁同志继续受聘国家科技部高科技司负责快中子反应堆概算调整评估工作，并担任专家组组长，仍在为国家核电事业的发展努力工作。

2011 年 9 月，耄耋之年的罗老先生回到母校，欣然捐资10 万元，成立了"兴义一中重民助学基金"，以资助家乡的贫困学子。

音乐文学电视剧作家——王廷珍

王廷珍

王廷珍，1929 年 9 月生，贵州省兴义市人。世代居住在敬南乡纳里寨。在贵州兴义省立中学（今兴义一中）高中毕业。1949年参加解放军游击队，曾任《战斗报》编辑、记者，1951 年 3 月《新黔日报》发表他的报告文学《叶么娘当上了农协主席》后，其创作开始不断深入发展。曾写下了《罗盘人民迎接南下大军》等通讯和报告文学。

新中国成立初期，王廷珍在兴义县委工作，后调任中共贵州省委党校宣教股长、理论班主任、文化部副主任，贵州省民族师范学校副校长，四川音乐学院教务处副主任、创作室主任、院学术委员会副主任，贵州民族学院艺术系主任、副教授，贵州电视剧制作中心艺术顾问，贵州省青联副主席，贵州省布依族学会名誉会长。1959 年修业于贵州大学中文系。1988 年加入中国作家协会，历任报社编辑、记者。写过小说、散文、戏剧、评论等。王廷珍出版长篇小说《大古山的黎明》、中篇纪实文学《一个女匪首的传奇经历》、九场话剧文学剧本《月亮山》；摄制播出了文学剧本上、下集电视剧《琴魂》，电视连续剧《蒙阿莎传奇》《六马兄妹》。还出版了传记文学《音乐家贝多芬》；故事专集《中国古代音乐故事》及《久被埋没的宝石——外国音乐家故事》；学术著作《歌词作法》《中国音乐文学简史》等。王廷珍担任副主编的《中国少数民族艺术辞典》获国家民委及国家新闻出版总署联合颁发的民族图书一等奖，并被选入参加国际图书博览会展出。

鲁迅研究专家——刘正强

刘正强，1930 年 6 月出生于贵州兴义黄草镇，教授，鲁迅研究专家。

1934～1940 年就读于兴义市红星路小学（兴义一小），1941～1946 年在省立兴义中学（今兴义一中）读完高中，同年赴贵阳考入贵州大学中文系。次年转入政治系，1950 年毕业。在中学读书时，刘正强曾受到刘惺校长等进步教师的影响，忧国忧民意识开始萌发。

刘正强

在贵州大学读书期间，曾参加过学生运动，并投身贵阳解放的活动。1957 年，刘正强考入北京大学中文系中国文学史教研室，师从王瑶先生，为首届四年制副博士研究生，1961 年毕业分配到天津南开大学中文系任教，1963 年，被调到昆明师范学院中文系，讲授中国现当代文学。

1978 年以后刘正强从事鲁迅研究的教学及科研，出版过《鲁迅诗歌解析》、《鲁迅思想及创作散论》、《书法艺术漫话》（台北业强出版社，1994 年）、《管窥蠡测录》等专著，发表过大量论文并多次获奖。

1984 年，刘正强开始主编《云南师范大学学报》，兼任云南省高等院校学报研究会会长，1991 年离休后任名誉会长。社会兼职有：云南作家协会理事、云南省美学学会顾问、云南南社及柳亚子研究会顾问、云南省诗词学会顾问、云南省楹联学会顾问、昆明市归国华侨联合会书画诗词学会顾问。业余爱好书法，喜行草书，作品曾多次参展并获奖，收入多种书画精品辞书。

《中国当代书画家大辞典》（黄河出版社，1990 年）这样介绍刘正强：在书法理论方面"师古而不泥古，重法度而能化其书法作品楷宗颜柳，行草取法张旭、怀素，其行美、其力遒、其韵胜"。他赞同"意胜于法"的主张。唐代《书学》规定楷书必须"遒美"，他是遵循的，同时他也欣赏宋人行书重意趣和飘逸洒落之美，还欣赏晚明书法家祝允明、王铎于遒劲中见典雅清丽之美。刘正强悟性较高、勤学苦练，并对行草书情有独钟。

航空发动机专家——钱相云

钱相云，1931 年 2 月出生，贵州兴义市人。1944 年 9 月至 1947 年 8 月，就读于兴义中学（今兴义一中），初中毕业后到昆明云南大学附中、龙渊中学、昆明一中读高中，毕业后进入云南大学、四川大学航空系学习，院系调整后，到北京航空学院发动机系学习。无论在中学还是大学，他都刻苦努力，遵守纪律，学业成绩特别优异。毕业后分配到南京 511 厂即金城机械厂工作，曾先后任机械加工车间工艺员、工艺室主任、工艺研究所副所长等职。

1958 年后，钱相云主要从事航空、液压附件零部件制造工艺编制工作，参与并组织了工厂 20 世纪 60～70 年代新品工艺准备工作及新工艺试验工作、光孔装螺桩及热能去毛刺等课题研究，并曾获部级奖励。曾担任《航空制造工程手册》齿轮分册的副主编及航空学会辅机工艺学组副组长等。1981 年 2 月钱相云被调任工厂副总工程师，在此岗位上一直干到 1996 年退休。

作为新中国的第一批大学生，钱相云在工作上严格要求自己，努力工作，精益求精。在航空发动机制造工艺上刻苦钻研，大胆创新，为航空事业做出了突出贡献，1991 年被南京市人民政府评为"七五"期间优秀科技人员；1992 年被航空部授予"航空工业有突出贡献的专家"称号，并给予晋级增资的奖励；1993 年还被授予国家级有贡献的专家称号，享受国务院特殊津贴。

钱相云在国内期刊杂志上曾先后发表《热能去毛刺设备与工艺简介》《航空辅机厂技术改造的思路》《柱塞系马达转子柱塞加工工艺分析》《加工中心选购中诸因素的分析处理》《一种高精度夹具的工作原理》《机械制造废水处理的实践和探索》《市场响应力极佳的先进生产力——金城集团柔性生产线简介》等 10 余篇科技论文。

人口计生专家——王永尧

王永尧，贵州安龙人，1934年10月生，1954年加入中国共产党，20世纪50年代初，在贵州省兴义中学（今兴义一中）高中部读书期间，任兴义中学团总支副书记、学生会主席、贵州省学生联合会常委兼兴义专区学联办事处主任。1954年参加工作，任《贵州青年》杂志主编、记者。1956年在中央团校新闻班学习，1963年任共青团贵州省委办公室秘书组组长。1970年9月至1972年10月调到乌江水电站建设工程工地，任水利部第八工程局支队宣传干事。1973年任团省委办公室副主任、宣传部部长、团省委常委。1978年在中共贵州省委组织部工作，任组织处副处长、处长，兼任省委整党办公室秘书组组长，负责组织第一期整党文件、领导重要讲话的起草等工作。1985年任贵州省计生委副主任、党组成员，兼任贵州省人口学会副会长、贵州省优生协会副会长，1993年兼任《贵州人口报》总编，先后分管计生宣传教育、科学技术、规划统计和政策法规等工作。后任政协贵州省第六届委员会委员、提案委员会委员、计生专题组成员和政协贵州省第七届委员会委员、医卫体委员会副主任。撰写并发表了多篇论文，为贵州人口计生工作做出了贡献。

四川联合大学教授——宋廷耀

宋廷耀，1936年生，贵州安龙人，1951～1953年就读于兴义中学（今兴义一中）高中部，曾任校学生会主席、女生生活部部长。后转学到贵阳一中就读，1954年毕业于贵阳一中，同年考入成都工学院化工系，1958年毕业留校任教，历任民革成都市市委委员、民革四川联合大学主任委员、成都市政协委员。

在高校任教期间，宋廷耀开设的课程有稀有元素工艺学、铀钍工艺普通化学、无机化学、配位化学、过渡元素化学等。她还进行了稀有元素提取与分离、铀钍提取与分离等原子能材料的科学研究。现从事无机材料研制与应用、配位化合物及其应用的研究。

出版专著有《配位化学》，合著《无机化学》。发表学术论文20余篇。

云南大学历史系教授——朱惠荣

朱惠荣，1936年9月15日出生于贵州兴义县城稻子巷。1942～1948年先后就读于兴义一小和三小，1948～1954年在兴义中学（今兴义一中）读书，在校期间，曾参加"土改"和教师思想改造运动，出

朱惠荣

席贵州省首届学代会，任校学生会主席，1957年在中学参加共青团。1954年考入云南大学历史系，毕业后留校任教。长期担任中国古代历史、地理的教学。先后主讲历史文选、中国历史地理概论、中国农民战争史等10余门课程，深受学生喜爱。

自1987年起，朱惠荣教授负责培养博士研究生，以中国

古代史、历史地理为研究领域。他重点研究边疆历史地理，包括"徐学"（徐霞客研究）、地名学、历史地图学、历史地理文献整理、历史城市地理、郑和研究等。他参与筹建云南大学出版社，1988～1993年任云南大学出版社总编，主编了《中华人民共和国地名词典 云南省》，该词典为国务院古籍整理出版规划小组重点项目，获云南省社科优秀成果二等奖、云南省教委优秀科研成果一等奖。他还参编《中国历史地名大辞典》，出版著作10余种，发表论文100余篇，其中《徐霞客游记校注》，获1996年滇版优秀图书一等奖、省高校古籍整理研究优秀成果一等奖；《徐霞客游记全译》1997年由贵州人民出版社列入"历代名著全译丛书"出版，该丛书获中宣部"五个一工程"大奖；参加国家项目《中国历史地图集》的编纂工作，该图集获教育部首届人文社会科学研究一等奖。

四川美院教授、著名画家——王大同

王大同

王大同又名岑明灿，布依族，1937年生于贵州安龙县。他从小就把画画当游戏，墙壁和地面成了他信手涂鸦的场所，少年时代常常跟双亲在离城80华里的老家布依山寨度过假期。高山森林、小河田野、鸟叫蝉鸣，使王大同从小就热爱上了大自然。到了上学时，美术课已经不能满足他画画的需要，他课余常画画自遣，

星期日常去郊外写生。1954年王大同于兴义中学（今兴义一中）高中毕业后，考入四川美术学院油画专业，受业于徐悲鸿的高足——叶正昌、刘艺斯及刘国枢等教授，成绩优良。19岁就因参加青年美展获奖而引起四川美术界重视，1957年大学毕业后留校任教。现为四川美术学院油画系教授，是硕士研究生与跨世纪接班人导师，油画教研室主任，中国美术家协会会员，中国美术协会四川分会理事。1994年获国务院颁发的荣誉证书，并享受国务院政府特殊津贴。

王大同留校任教50年来培养出大批优秀美术工作者，许多学生名扬海外。他在教学的同时，多次深入基层体验生活、考察历史文化民风。他曾赴加拿大多伦多考察访问及进行学术交流。

王大同作品曾多次在全国及地方展示，作品《雨过天晴》获全国美展二等奖，《布依乡场》获全国少数民族美展佳作奖。代表作品被载入《中国新文艺大系》《中国美术五十年》《当代中国油画》等巨册。

1986年，在加拿大多伦多，王大同与马一平、李忠良等四人举办联展。王大同参展多幅油画作品全部被藏家收藏。

2011年，王大同创作的《王囊仙——布依族农民起义的女英雄》和《日寇侵华罪行》之1~5长卷式巨幅画稿问世。

王大同出版的著作有《王大同油画选》。

安徽大学教授、数学研究所所长——杨尚骏

杨尚骏，1937年生，贵州贞丰人，1952~1955年在兴义中学学习，1955 年考入四川大学数学系，1959 年毕业后分配到安徽大学任教，1977 年受聘为讲师，1982 年赴美国留学两年半，1986 年升为副教授，同年赴美国讲学和合作研究；1991 年受聘为教授，自 1993 年起，享受国务院政府特殊津贴。杨尚骏共指导 10 名硕士研究生，其中 9 名考上博士。曾担任安徽大学数学系副主任，安徽大学数学研究所所长。1996 年赴美国讲学半年。作品《非负矩阵论及其应用》荣获 1997 年安徽省高校科技进步二等奖；作品《非负矩阵论及表示论》获 1998 年国家教育部科技进步三等奖；《数学建模与素质教育》获 2000 年安徽省教学成果二等奖。2001 年获"全国大学生数学建模竞赛优秀指导教师"称号。《面向实际的数学素质教育》获 2004 年安徽省教学成果二等奖。2006 年获安徽省"教学名师"称号。正式发表学术论文 85 篇，其中 11 篇被 SCI 收录，1 篇被 EI 收录，1 篇被 ISTP 收录。正式出版教材一种，译著两种，论著两种。

贵州师范大学副校长、教授——吕传汉

吕传汉，贵州兴义黄草镇人。1938 年 8 月出生，1950 ~ 1956 年在兴义中学读初中和高中，1956 年考入贵阳师范学院数学系学习，1960 年 7 月毕业后留校任教。后为贵州师范大学数学系教授、硕士研究生导师、副校长。从 1960 年 9 月至 1962

吕传汉

年 7 月在上海复旦大学数学系进修，1991 年 7 月 11 日赴英国南安普顿大学做访问学者。曾开设本科复多函数、数理方程、理论力学等十余门课程，教学认真负责，教学效果良好，受到学生好评。研究生课程开设了自然辩证法概论等 4 门课程，培养硕士研究生 13 名。1989 年获全国普通高校优秀教学成果校级一等奖，省级二等奖。

他在数学学习论和数学学习方法论的研究方面很有造诣，1990 年出版的专著《数学的学习方法》，在高校师生及中学数学教育界影响较大。该书中的许多观点有独到之处，处于我国数学学习方法研究的前沿。

他还在国内首创跨文化数学教育研究，发表论文 30 余篇，出版著作 9 本，获省（部）级奖 5 项。其中《文化背景与民族教育》尤受到国内外专家好评。

吕传汉是国内数学教育界的知名人士，在国际上也有一定的影响，经国内同行专家推荐，被国家教委聘为全国高校数学力学教学指导委员会委员，编入中学数学教学论专家组（全国仅 3 人），指导全国数学教学工作。享受国务院政府特殊津贴。

退休后的吕传汉，退休不退岗，仍然兼任贵州省教育学会副会长、贵州省高中课改专家组组长等社会职务，并且到全省各地讲学，特别是对数学学习方法的讲解，深受广大师生的欢迎。

史学专家——熊宗仁

熊宗仁，贵州兴义黄草镇人，1944 年正月出生，中共党

员。享受国务院政府特殊津贴。1956 年由兴义黄草二小保送入兴义一中就读，1962 年高中毕业。在校期间，曾担任学生会宣传部部长。1962 年考入贵阳师范学院历史系学习。1966 年 7

熊宗仁

月毕业后，被分配到兴义工作。先后在兴义地区师范学校、兴义五七师大、兴义师范专科学校任教。1979 年 3 月考入贵州省社会科学院研究生班，结业后在贵州省社会科学院历史研究所工作，并先后担任副所长、所长等职。

熊宗仁的研究方向为中华民国史和贵州地方史。长期从事历史学、方志学、历史文化与经济社会等理论研究与应用研究。涉及的研究领域主要有何应钦及其与中华民国史事研究、抗日战争研究、张学良与西安事变研究、夜郎史及夜郎文化研究与应用开发、南明政权在贵州、辛亥革命在贵州、贵州与护国运动和护法战争、贵州军阀史和西南军阀史、贵州五四运动史、贵州历史文化与当代贵州经济社会发展等。在农民问题与中国革命和建设的理论和实践研究、年鉴学理论研究、方志学理论研究与方志编纂等方面，亦有专长。

个人出版的专著有《何应钦传》《何应钦的宦海浮沉》《何应钦晚年》《何应钦——漩涡中的历史》《永历皇帝与孙可望》《五四运动在贵州》《严修视学贵州》《姜应芳起义》《贵

阳风物》等10部作品。

熊宗仁的合作出版著作有《贵州一览》、《贵州军阀史》、《西南军阀史》（第一卷）、《西南十军阀》、《贵州抗日救亡运动史》等8部；主编或参与主编的著作有《贵州风物志》、《贵州青年运动史》、《贵州省志·社会科学志》、《农民问题与当代中国》、《贵州通史》（民国卷）等10余部。

熊宗仁的著作和论文有135项曾获全国性奖及贵州省哲学社会科学优秀成果奖和特殊奖，1项获贵州省"五个一工程"优秀理论文章奖。他同时兼任中国现代史学会常务理事、贵州省史学会副会长兼秘书长、贵州历史文献研究会执行理事、贵州大学历史系兼职教授、《贵州年鉴》社会科学分科主编等职。1998年荣获"贵州省省管专家"称号，1999年12月被聘为贵州省文史研究馆馆员，2002年贵州省地方志编纂委员会、贵州省人事厅通报嘉奖。

民营企业家、贵州神奇公司创始人——张芝庭

张芝庭，贵州神奇制药集团董事局主席，出生于1947年，河南省镇平县人，在孩提时代，张芝庭便与家人背井离乡，踏上了贵州高原。1958年7月入兴义中学（今兴义一中）读书，1963年高中毕业后到泥凼小学任教，又到泥凼卫生所工

张芝庭

作，后到兴义制药厂工作。现任全国政协常委、全国工商联常委、贵阳市政协副主席、贵州神奇公司董事长。他还任中国光彩事业促进会副会长，是光彩事业（光彩事业是我国民营企业家响应《国家八七扶贫攻坚计划》所发起并实施的一项以扶贫开发为主的事业，始于1994年）发起人之一。

1984年，张芝庭承包了濒临倒闭的兴义制药厂，他从中摸索出一些经营管理的窍门。1985年，他承包了一个破产的工厂，然后开发了一种医治运动员扭伤的药膏和一种治疗咽炎的药片，掘得第一桶金。

1990年，贵州神奇制药有限公司诞生，张芝庭成为中国第一个进入药品生产领域的民营企业家。

1992年，张芝庭开始探索在中国贵州如何才能切实帮扶贫困群体走上富裕的道路。从1994年光彩事业发起以来，神奇集团回报社会，积极投身公益光彩事业，先后捐资一亿多元在贵州铺路架桥、立足贵州实际情况扶助贫困地区农民发展生产、修建中小学校和青少年活动中心，并出资在北京中医药大学、沈阳药科大学和贵州民族学院设立"贫困学生助学金"，帮助贫困学生完成学业。2002年3月，贵州神奇发起"光彩康复工程"，并通过卫生部向非洲及中国西部12个贫困县无偿提供1.2亿元的抗结核药品。神奇集团仍在继续努力，为中国社会的发展做贡献。

2003年，贵州神奇投资有限公司受让飞天投资所持股份，成为第一大股东。借壳上市的张芝庭又成了贵州民营企业上市第一人，入选搜狐 2003 年新民企领袖。

张芝庭靠开发贵州的中药而使神奇集团发展成为中国最大的中药生产企业之一。今天的"神奇"已成为跨制药、酒店、房地产、金融等多个行业的集团公司，总资产 20 多亿元。

张芝庭是第十届全国政协委员，第八、第九届全国人大代表。

中国科学院化学研究所博士——罗吉江

罗吉江，1963 年生，贵州兴义人，中共党员，1975 年小学毕业考入兴义一中初中部学习，1980 年考入北京理工大学，毕业后在中国科学院化学研究所攻读研究生，毕业后留在中国科学院化学研究所工作，1990 年获中国科学院化学研究所力学博士学位，并成为该所教授，1993 年荣获国家级"青年科学家"称号。

自 1987 年起，罗吉江从事高分子凝聚态物理基础研究的应用开发，这些结果不仅丰富了高分子科学理论，还可以指导聚丙烯纤维工作的深入发展。他开发了具有国际领先水平的"细旦、超细旦聚丙烯纤维及制品"，掀起纺织行业的革命，为服装行业提供了新的纺织面料。

罗吉江已申请两项国家发明专利，撰写了多篇内部材料供有关部门参考，"细旦、超细旦丙纶长丝及制品"项目在 1992 年被选为国家产学研高技术产业化项目，也是中国科学院"八五"重点项目及国家自然科学基金项目。

罗吉江现为北京度辰新材料有限公司董事长。

无线通信专家、高级工程师——朱强

朱强，贵州兴义人，1965 年 5 月 11 日出生，1980 年 9 月进入兴义一中高中部学习。他遵守纪律，学习刻苦，曾多次被评为"三好学生"，1981 年 7 月，参加全国 25 省市自治区中学生数学竞赛，获贵州赛区第三名。1982 年 7 月朱强高中毕业，考入成都电讯工程学院（现为电子科技大学）电子工程系学习，在大学期间，成绩优异，多次被评为"三好学生"，1986 年学习期满，以学习成绩总分第一名免试攻读硕士学位，在通信与电子系统专业导师黄顺吉教授的指导下，从事研究生的学习和研究工作，1989 年获硕士学位，并被分配到电子工业部第七研究所（广州通信研究所）从事研究和开发工作。1989～1990 年主要从事军用程控数字无线交换机的研究和开发。1995 年 2 月晋升高级工程师，并有多篇论文发表。主要成就有：微波成像处理算法，获四川省科技进步一等奖；有线通信和无线通信获国家科技进步特等奖；完成复杂通信网的组网、网络控制和管理以及相应的网络管理设备。

长江学者特聘教授——张湘义

张湘义，1965 年 3 月 29 日生，祖籍湖南新化，兴义市人。1983 年于兴义一中高中毕业，考入北京钢铁学院材料科学与工程专业学习，获理学学士学位，毕业后在燕京大学材料工程系任助教、讲师；1994 年 9 月至 1996 年 8 月，在燕京大学材料工程系学习，获工学硕士学位；1996 年 9 月至 1999 年 6 月，在中国科学院物理研究所凝聚态物理专业学习，获理学博士学

位，毕业后在燕京大学
材料工程系任教授。
1999年10月至2001年9
月，获德国洪堡基金会
资助，在德国 Stuttgart
大学理论与应用物理研
究所从事研究工作。
2001年10月至2002年6

张湘义

月，任燕京大学材料科学与工程学院教授、博士研究生导师、
研究室主任，2002年7月～12月，在德国Stuttgart大学理论与
应用物理研究所做研究员，回国后继续在燕京大学材料科学与
工程学院任职。

　　2004年3月，张湘义担任燕京大学研究生学院副院长一
职，同年入选教育部首届"新世纪优秀人才支持计划"；2005
年成为"国家杰出青年科学基金"获得者；2006年荣获河北
省自然科学奖一等奖；入选2008年度教育部"长江学者特聘
教授"，并享受国务院政府特殊津贴。在 *Phys. Rev. Lett.*、
Appl. Phys. Lett. 等国内外著名刊物上发表论文120篇，其中被
收入 SCI 论文55篇。

　　张湘义的主要业绩：弄清了非晶合金晶化形成纳米晶的条
件，给出了实验判据，为纳米材料的优化设计和制备提供理论
指导；建立了高压下磁性非晶材料合金中纳米晶的形成理论和
纳米晶磁性材料的高压制备新技术，提出了晶体成核压力诱导
机制等。

三　现代风貌

1　改革开放沐春风　笔架山下换新颜

党的十一届三中全会以来，兴义一中认真贯彻党的教育方针，确定了办学宗旨和育人目标，树立了"严谨、勤奋、严格、科学"的校风，继承和发扬了兴义一中百年的优良传统，谱写了百年一中和谐奋进的篇章。

思想教育工作

党的十一届三中全会以来，党把教育放在战略发展的首要位置，明确了"知识分子是工人阶级的一部分"。

学校为教师平反冤假错案，安排合适的工作。教师认真学习中央关于"知识分子是工人阶级的一部分"的理论，深刻认识党把科学技术看成第一生产力，尊重知识、尊重人才的重大意义。学校根据教师的业务水平和特长，安排适合每个教师的教育教学工作，让他们在工作岗位上充分发挥才能；同时发挥教职工在办学中的主人翁作用。1980 年 3 月学校成立了校务委员会，委员会由领导 7 人、教师 15 人、职工 2 人共 24 人组成。会前征求教师教职工意见，会上讨论决定学校重大问题。根据教育工会的有关规定，1986 年学校召开了教职工代表大会（简称教代会）。教代会由学校党组织领导、工会主持召开，教代会代表占教职工总数的 25% 左右。学校积极培养教师入党，1979～1995 年年底，学校共发展 47 名能发挥模范带头作用的教职工入党。学校注重教师培养，让他们在合适的岗位上发挥才能。与此同时，学校积极推荐教师参政。除"文革"期间外，兴义一中每届都有省政协委员、州人大代表、市人大代表。教师代表参政，使教师感到社会地位获得认可，意见有地方反映，问题可以得到解决，从而心情舒畅、安心敬业。学校表彰先进教职工，为教职工树立了良好的榜样，形成了学先进、赶先进的良好风气。学校同时在生活上关心教职工，帮助教师提高物质待遇，帮助教职工解决实际困难，探望教职工家庭病困成员，关心教职工分居问题，协助并帮助解决教职工子女就业问题等。教职工的住房条件逐步改善。十一届三中全会以后，学校为教职工建宿舍，使教职工住上设施配套、家具齐备、陈设一新的住房。

培养学生德、智、体全面发展，成为四有新人

学校对学生进行思想品德教育。对学生进行"五爱"教育（爱祖国、爱人民、爱劳动、爱科学、爱公共财物）和纪律教育，为学生学习和今后工作打好基础。

十一届三中全会后的几年，是学校对学生进行"五爱"教育和纪律教育的重要时期。兴义地区教育局从实际出发，制定并实施《兴义地区中学生守则》（简称《守则》），学校一边宣传教育、一边结合《守则》整顿纪律，摆脱了"文革"中无政府主义状态，使学校教学逐步走上正轨。同时，明确学习目的，使学生的学习有了明确的方向和动力。

学生除了搞好学习外，还要热爱劳动，热爱人民，学习初步的生产劳动技能，因为这些是学生全面发展的重要内容。学校还按照教学计划的相关规定，既保证正常教学，又保证规定的劳动时数，真正让学生参与到生产劳动中。

时事政策教育和"五讲四美三热爱"教育的常态化

党的十一届三中全会以来，学校加强对学生进行改革开放、坚持四项基本原则和"一个中心、两个基本点"的基本路线教育，学习邓小平同志的中国特色的社会主义理论，结合社会主义建设的伟大成就，教育学生拥护党的基本路线，为实现四个现代化而努力学习。同时进行"五讲"（讲文明、讲礼貌、讲卫生、讲秩序、讲道德）、"四美"（心灵美、语言美、行为美、环境美）、"三热爱"（热爱祖国、热爱社会主义、热爱中国共产党）的教育，以及军训和国防知识教育，并且使之常态化。1982 年年底，兴义一中语文教研组被评为"五讲四美，为人师表"先进集体。自 1987 年起，学校开始每学年进行一周的国防军训教育，并邀请中国陆军兴义预备役师的同志担任训练工作。1994 年 9 月，学校成立少年军校后，经常进行军事训练。训练加强了学生的组织纪律，培养了国防观念，为新学年的学习创造了良好的开端。

德育工作的领导管理

在学校的德育管理过程中，学校建立德育机构，由校领导亲自主抓。1984 年成立政教处，在党支部和学校相关领导下，政教处与团委和学生会配合抓思想教育。1990 年，学校成立德育领导小组，由学校党委书记兼任组长，政教处主任、团委书记、政治教研组组长为领导小组成员，定期开会研究思想政治工作，提出方案，布置实施。学校还根据上级教育部门的规定，制定了《学生奖惩条例》，由政教处对照检查，对教育不改的学生按照规定给予处分。经过长期严格的训练，学生都养成了自觉遵守纪律的习惯，没有无故迟到的现象，教育秩序井然，环境清洁美观，校容校貌良好。同时为了丰富学生的课余生活，学校于 1991 年组织了"兴义一中艺术节"活动，自此每年举办一次，并及时对在艺术节中表现突出的学生及成绩优秀的学生进行表彰，还将此形成学校长期的制度。自 1979 年以来，表彰的"三好学生"200 余人，受州表彰的优秀学生干部 80 余人。

重视教学，追求质量的提升

重视教学、追求质量是兴义一中的优良传统，其渊源当追溯到笔山书院和高等小学堂时代。清末笔山书院的院长雷廷珍、姚华等皆为有识之士，他们学识渊博、功底深厚、一丝不苟，以授业为天职，严谨治学而不因循守旧，业绩卓著，闻名遐迩。进入新时期以来，学校行政汲取经验、解放思想、实事求是，制定出一系列加强教学管理的规章制度。教师们焕发精神活力，积极从事教学研究，进行教学改革，更好地把握学科特点和教学规律，冲破传统教育思想束缚，着力于"双基"，培养能力、开发智力，学习研究气氛浓厚，课堂教学呈现生动活泼的新局面。

兴义一中可谓源远流长，根基深厚，在前后百年间，重视教学、追求质量，于是形成了学校属于自己的一套优良传统——教得严谨、学得勤奋、管理严格科学。这既有和许多学校相同的共性，也有兴义一中自己的个性，即"严谨、勤奋、严格、科学"。学校一直重视教学、追求质量，天长日久、习以相成，全体师生养成及树立优良的学风、校风。1988 年，兴义一中被列为全国著名中学，并收入《中国著名学校》一书，在黔西南教育阵地上起着骨干、带头作用，培养出不少优秀人才，成为小有名气的学府。

新时期教师队伍的建设

综观兴义一中前后上百年，给人感受极深的是拥有一批又一批、一代又一代好教师，他们把世上最宝贵的东西——心智、理性全部奉献给兴义一中的莘莘学子，使兴义一中桃李满园、硕果累累。

十一届三中全会后，兴义一中被定为省级重点中学，人力、物力、财力各方面都有了保证，学校各项建设进入快速发展新阶段。尤其可喜的是师资队伍的思想政治素质大大提高。同时，学校遵照党中央的部署，清理、纠正冤假错案，平反昭雪，为18 位教职工彻底落实政策，他们卸下包袱，轻装上阵，最终重新走向热爱的讲台。学校认真解决知识分子入党难的问题，积极发展教职工入党。1954 年到"文革"中期共发展 5 名党员，之后十年左右的时间，兴义一中党组织人员发展到先前的 10 倍。

黔西南布依族苗族自治州教育局十分重视学校师资力量，在 1980 ~ 1990 年，兴义一中陆续补充教师 79 名。学校教师数量可观、质量合格、结构日趋合理，较早解决了师资"青黄不接"的问题。在此期间，学校受国家和贵州省教委评优表彰的教师共计 19 名。

1984 年暑假，由于当时条件尚不成熟，学校曾试行"聘任制"，校长职位由州委组织部任命，再由校长提名任用副校长和各处室负责人，最后聘用教职工。当年学校行政领导及普通教师共有 103 人，普通教师聘 84 人，未聘 7 人，职工 2 人。由于之后受招聘风冲击，一些地区实行"三不要"制度（即不要调动手续、不要户口、不要粮食关系），造成部分教师流失，"聘任制"未收到预期的效果。此时，州委、州政府、州教育局抓住关键，采取调配干部、加强领导班子和大力充实教师力量两大措施，使招聘之风缓缓停息，问题得以基本解决。州教育局副局长张兴仁受命于紧迫之际，迎着困难，担起校长责任，从教学管理入手，逐步建立健全规章制度，艰苦扎实工作，重振优良学风，教学秩序日益正常。随后，学校对各处室再度调配，教职工齐心协力，乘着大好发展趋势，教学工作更进一步。1994 年，高考录取本科 122 人、专科 85 人、中专 100 人，创最佳纪录，自此以后，兴义一中每年高考录取成绩都很辉煌。

2 昂首步入新世纪 百年名校续辉煌

历经百年，兴义一中形成了独特的文化育人的教育特色。

在 21 世纪，这一代教师群体在百年校史文化的指引下，教育特色更加鲜明。

百年文化孕育了学校精神文化

百年历史的兴义一中曾经历旧中国的风风雨雨，也曾迎来新中国成立的第一缕朝阳；曾遭遇"文化大革命"干扰破坏的切肤之痛，也曾沐浴改革开放和煦的春风。学校办学的思想和传承的教育理念，激励了一代又一代的师生努力奋斗、健康成长，对学校的发展起到了非常重要的作用。十一届三中全会以后，为适应当今时代发展的需要，发扬革命光荣传统，继承中华民族传统美德，结合学校教育现实的需要，学校又重新确定了"勤、慎、笃、敬"的校训。这一校训将教育的理念、精神、文化、智慧凝聚起来，形成了博学善导、志存高远的理想信念；坚持正义、敢于斗争的勇敢精神；爱校与感恩的情结。兴义一中百年的建校史，就是一部学习、实验、改革、发展的历史，涌现了一大批如徐蓉、饶正雄、严尚学、王甫尤、李启芳等国家、省级的优秀教师、特级教师；培养了一批又一批优秀的毕业生，为社会输送了大量的优秀人才，可谓是"桃李遍天下"；也成为继承和发扬办学的优良传统，对师生进行革命传统教育、国情教育、理想教育和创新教育的支柱。

以兴义一中百年历史文化为载体，开展文化育人活动

抓好纪念活动，使教育传统化　教育育人，应该存在于学生的实际生活中，存在于师生的相互交往中，存在于常规管理中。因此，教育只有让师生回到自然生活状态时，才能真正收到实效。在教育中，学校根据学生的不同接受能力，坚持时事

教育与学校常规教育紧密结合，紧紧抓住各种纪念日开展教育活动，对学生进行教育。

坚持爱国主义、革命理想教育　学校始终坚持爱国主义、革命理想教育不动摇。通过教育学习，大家进一步统一认识：爱国爱乡，更爱兴义一中。学校每学期都开展"国旗下讲话""五四红旗班"等系列活动，规范了"升国旗、唱国歌、穿校服、佩校徽"等一系列制度，充分发挥"班级黑板报、学校广播站"作用，在教育学习过程中，引导全体师生将爱国主义、革命理想教育与兴义一中特有的文化有机结合，突出学校文化的"爱国爱校"核心价值观。

形成制度，使百年文化育人系列化　在新的历史时期，兴义一中根据"一个核心（爱国主义教育与理想教育的结合和实践）、两个切入口（学生日常行为规范、国旗下的演讲）、三条渠道（学科教学、课外活动、社会实践活动）、四项制度（坚持党支部领导、加强师德规范、抓紧常规管理、严格检查考评）"的思路开展工作。组织开展校园文化艺术节活动，举行文艺表演、体育竞赛、科技活动，举办征文评选、演讲比赛、书画比赛、摄影比赛等，让师生充分展示才华，尽情抒发热爱母校的情感，增强对学校的归属感、荣誉感和自豪感，从而产生强大的凝聚力量。

顺应历史发展潮流，一中校园更具规模

2008年年底，为整合教育资源，配合师专升本工作，传承一中百年名校教育思想，扩大兴义一中优质办学资源，州委、州政府下定决心，把兴义一中南北校区进行合并，在南校区进行历史性的恢复和扩建工作。自此，兴义一中开始了漫长的改扩建工程。

黔西南布依族苗族自治州人民政府的《关于成立兴义一中本部改扩建工作领导小组的通知》（州府办发〔2008〕114号）文件明确了以州人民政府副州长贺登祥为组长的"兴义一中本部扩建工作领导小组"专门负责兴义一中本部的改扩建工作。这次兴义一中校本部的改扩建，是按照省级一类示范性高中的基本标准进行规划设计，采取一次性规划，按分期建设的原则开展改扩建工作。项目占地面积 12.2 公顷，总建筑面积 107587 平方米。项目分三期建设，改扩建工作全部完成后，能满足 4600 名学生就读的需求。

由于各种因素的影响，虽然学校通过各种努力，但兴义一中改扩建工程进度缓慢，到目前为止，二期工程还在进行，学校教室严重不足，部分班级只能在临时搭建的活动板房中进行教学。学校的改扩建工程的完成能为学生提供一个良好的学习环境。

百年文化在创新发展中熠熠生辉

有一批好教师，有一支团结上进、善于反思的教师队伍，就会有一所好学校。怎样铸就一支这样的队伍，兴义一中不断提出问题，勇于创新，为教师搭建成长平台，引导和帮助教师健康成长，以达到教学相长，和谐共进的目的。

兴义一中结合新课改的要求，从实际出发，积极吸收先进的教学管理经验和教学模式，如"EEPO"教学模式、数学"MM"教学模式、杜郎口"三三六"教学模式等。同时引导和培养教师根据不同学生的认知特点和已有经验，采用不同的教学手段，授予不同的学习内容，并对不同学生的心理健康和整体智能有深刻的认识。近年来，学校培养了包括 33 名清华大学、北京大学学生在内的约 4500 名本科生。熊风竹（留学美国哈佛大学）和罗远航（2005 年全省理科状元）是其中的杰出代表。兴义一中在各类竞赛中锋芒毕露独占鳌头：自2000 年以来，该校学生参加各类竞赛，获得省级一等奖 36 人次、二等奖 33 人次、三等奖 111 多人次。2006 年该校学生参加数学奥林匹克竞赛，获得一等奖的人数占了贵州省参赛总人数的 1/4，而 2007 年初中希望杯数学竞赛，该校有 100 多人进入决赛。2007 年，在由国家关工委、教育部、文化部组织的全国英语人才选拔赛中，该校学生获得 2 金、10 银、20 铜，威震全省，在全国产生较大影响。2008 年，在全国中学生物理竞赛中，该校有一人获一等奖，并代表省队参加全国决赛，成为黔西南首例。在 2013 年的高考中，兴义一中一本、二本上线合计 946 人（不含体艺生），本科上线人数位居黔西南第一。与此同时，近年来，兴义一中受州级以上表彰的优秀教师、班主任等有 60 多人。2002 年，兴义一中被贵州省委、省政府评为"1999～2002 年文明单位"；2003 年学校被州委、州政府评为文明单位；2004 年被评为全省"绿色学校"；2007 年被评为"全国国防教育先进单位"，同时成为成都军区国防生源基地；同年兴义一中成为全州唯一一所进入国家教育部新学校计划项目的学校。该校还是中央教科所"贵州省德育实验区"及"德育实验区中心学校""贵州省中小学校管理协会理事单位""贵州省教师教育现代化教学实习基地""贵州省教育培训中心中学校长学习调研基地""黔西南布依族苗族自治州中学高级教师职称评审现场评课基地"。

回顾办学历程，展望发展前景，兴义一中始终坚持"为学生一生的成功奠基"的办学宗旨，视学校世代相传的百年一中精神为瑰宝，并依据现代化教育发展的需求，由过去单一化、半封闭式的办学模式，转变为多元化、封闭式的办学模式，真正将兴义一中的校训"勤、慎、笃、敬"赋予百年文化创新的内容，使学校的百年文化与时代精神同步，把百年文化的发展创造性地融入学校的发展中，把学校百年文化的发展转化为培植师生、创新管理的重要环节。由此，我们深信：有着百年文化底蕴的兴义一中，将与时俱进，谱写百年一中新的历史，彰显百年老校存在的历史价值和现实意义。

现代化的综合实验楼

附 录

笔山书院（1736~1904）
兴义高等小学堂（1905~1926）

兴义县立初级中学（1926~1940） ←并入— 兴义女子师范班（1905~1932）

增办高中

兴义县立中学（1940~1943）

兴义县立初级中学（1944~1950）

升格

贵州省立兴义中学（1943~1950）

接管

贵州省兴义中学（1950~1960） ←并入—

更名

兴义县第一中学（1960~1980） ←— 兴义一中捧鲊分校（1963~1969）

升格为重点中学，
地区行署领导

兴义县第一中学（1980~1982）

重点中学，归州直管

黔西南布依族苗族自治州兴义一中（1982~1994）

增加任务

黔西南布依族苗族自治州兴义一中
黔西南布依族苗族自治州民族高中
（1994~2013）

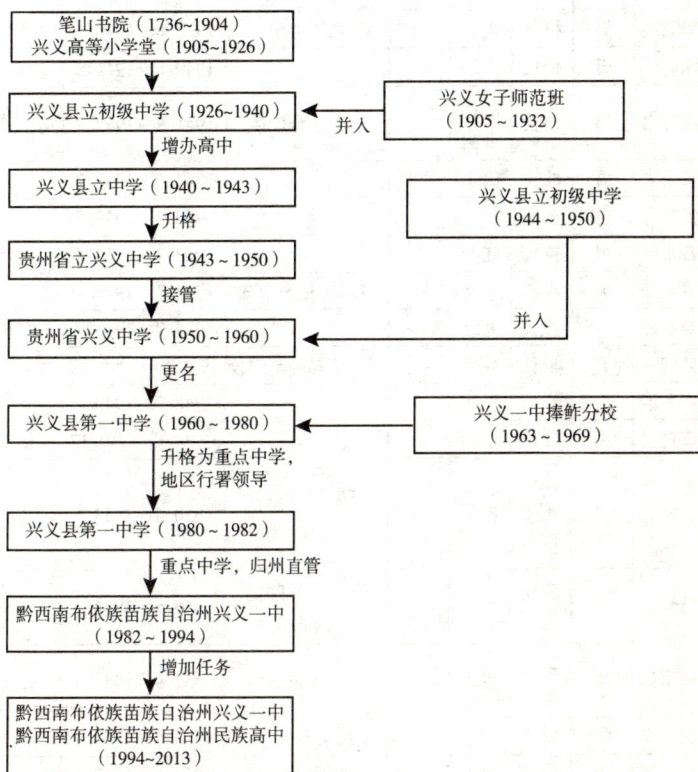

兴义一中历史沿革示意图

兴义一中历届正副校长名录

姓名	性别	职务	籍贯	职称	学历	任期	备注
赵伯俊	男	校长	兴义		留学日本	1926.8~1927.7	
唐希泽	男	县长兼校长	贵阳			1927.8~1928.8	
车筱舟	男	校长	贵阳			1928.8~1929.9	
赵万邦	男	校长	思南			1929.9~1930.8	
刘质赅	男	校长	贵阳			1930.8~1931.7	
唐开敬	男	校长	兴义	秀才	云南省政法学堂	1931.8~1932.8	
罗心则	男	校长	兴义		贵州省法政学校	1932.8~1937.7	
曾毓嵩	男	校长	兴义		之江大学	1937.8~1940.7	
陈群镇	男	校长	赤水			1940.8~1941.8	
花寿泉	男	校长	江苏淮阴		江苏教育学院	1941.8~1942.2	
张捷先	男	校长	徐州			1942.3~1942.7	
张忠祥	男	校长				1942.8~1943.7	
谭永年	男	校长	江西			1943.7~1945.7	
罗心则	男	校长	兴义		贵州省法政学校	1944.7~1946.7	县中
刘惺	男	校长	湖北			1944.7~1946.7	省中
吴炯心	男	校长	兴义		兴义简易师范学校	1946.8~1949.12	县中
卢照麟	男	校长	贵阳			1948.7~1949.2	
黄自民	男	校长	黔西			1949.3~1949.12	
黄辅忠	男	县长兼校长	都匀		延安抗日军政大学	1950.5~1953.6	
吴炯心	男	副校长	兴义		兴义简易师范学校	1950.5~1952.7	
杨靖国	男	副校长	贵阳		兰田师范学院	1952.9~1954.4	
黄玉文	男	校长	兴义		兴义省高中	1953.6~1954.4	
杨靖国	男	校长	贵阳		兰田师范学院	1954.4~1967.5	

姓名	性别	职务	籍贯	职称	学历	任期	备注
赵广义	男	副校长	河南荥阳		陆军兽医学校	1954.4 ~ 1956.6	
秦德章	男	副校长	重庆		贵州大学大肄业	1956.6 ~ 1967.5	
邓励锷	男	革委主任	广东高州		高州德明中学高中	1967.5 ~ 1969.12	
万国民	男	革委主任	兴义		兴义一中初中	1968.7 ~ 1969.12	
秦德章	男	革委主任	重庆		贵州大学肄业	1970.6 ~ 1937.6	
张义双	男	革委副主任	广东高州		高州德明中学高中	1970.6 ~ 1972.10	
查长富	男	革委主任	安龙		贵阳师院	1972.9 ~ 1979.11	
王玉书	男	副校长	兴义		贵州大学	1979.11 ~ 1982.9	
杨靖国	男	校长	贵阳		兰田师范学院	1979.11 ~ 1983.12	
赵大宗	男	副校长	贵阳		贵州大学	1981.9 ~ 1983.12	
何怀祖	男	副校长	四川荣昌		重庆勉仁高中	1981.9 ~ 1984.8	
赵大宗	男	校长	贵阳		贵州大学	1983.12 ~ 1985.7	
查长富	男	副校长	安龙		贵阳师范学院	1983.12 ~ 1989.4	
程煜宗	男	副校长	安徽霍山		贵阳师范学院	1983.12 ~ 1985.7	
胡紫星	男	副校长	安顺		贵阳师范学院	1984.8 ~ 1986.12	

姓名	性别	职务	籍贯	职称	学历	任期	备注
张兴仁	男	校长	兴义	高级	安顺师专	1985.12～1989.4	
刘达远	男	副校长	兴义	高级	贵阳师范学院	1987.1～1988.7	
程煜宗	男	校长	安徽霍山	特级	贵阳师范学院	1989.4～1993.8	
阮金亮	男	副校长	福建	高级	南京林业学院	1989.4～	
戴晓康	男	副校长	兴义	一级	贵州大学	1989.4～1992.8	
姜子昌	男	副校长	兴义	高级	云南大学	1992.11～	
李本华	男	校长	四川雷波	高级	贵阳师范学院	1993.8～1997.8	
陈玉先	女	副校长	云南昆明	高级	昆明师范大学	1993.8～1998.1	
陈玉先	女	校长	云南昆明	高级	昆明师范大学	1998.1～2007.8	
严尚学	男	副校长	兴义	特级	贵州师范大学	2003.5～	
徐 蓉	女	副校长	兴义	特级	贵州师范大学	1998.1～2007.8	
黄利君	男	校长	四川资阳	讲师	贵州师范大学	2007.8～	
饶正雄	男	副校长	普安	特级	贵州工学院	2007.8～	
李启芳	男	副校长	兴义	高级	贵州师范大学	2007.8～	
王甫尤	男	副校长	普安	高级	贵州教育学院	2013.5～	
解天录	男	纪委书记	兴义	讲师	云南大学	2007.8～	

兴义一中历届党组织负责人名录

姓名	性别	职务	籍贯	职称	学历	任期
蒋 重	男	支部书记	兴义		兴义省中高中	1949. 5～1949. 10
吴家龙	男	党小组长	盘县		中共中央西南局党校政治教员训练班	1956～1957
张义双	男	支部书记	河南濮阳		速成中学文化班	1958. 11～1970. 12
秦德章	男	支部书记	重庆市		贵州大学肄业	1970. 12～1973. 6
查长富	男	支部书记	安龙	高级	贵阳师范学院	1973. 6～1984. 3 1985. 9～1989. 4
赵大宗	男	支部书记	贵阳		贵州大学	1984. 3～1985. 7
张兴仁	男	党委书记	兴义	高级	安顺师专	1989. 4～1993. 8
李本华	男	总支书记	四川雷波	高级	贵阳师院	1993. 8～
胡静林	男	党委书记	贵州兴义	高级政工师	中央党校函授学院	2005. 11～

兴义一中部分校友简介

姓名	性别	民族	籍贯	工作单位及职务	主要事迹、贡献或荣誉
陈大川	男	汉	贵州兴义	国民革命军第六十军一八二师一〇七八团副团长、代理团长	1938年参加围歼日军的台儿庄大战,英勇牺牲
王若坚	男	汉	贵州兴义	长沙工程兵学院军事战术教员、军事科研员,北京市人民政府参事室参事	在国民党军队中任师、团、营长等职,参加多次抗日战斗,1949年率部起义
罗会廉	男	汉	贵州普安	新四军第四师参谋、侦察科长	1944年在安徽涡阳县执行任务时遭敌伪军夜袭身亡
肖君盛	男	汉	贵州安龙	第四野战军126师政委,黑龙江省民政厅厅长	参加抗日战争、解放战争
窦家本	男	汉	贵州兴义	贵州农学院教授、生理学教研室主任	主要研究果蔬栽培、植物生理等方面
吴照官	男	布依	贵州兴义	台湾飞机制造厂总工程师	从事设计、绘图、品质管制、生产管制、工厂管理等工作
冯家兴	男	汉	贵州兴义	贵阳医学院微生物学教研室主任,贵州省肿瘤研究所免疫研究室主任	从事微生物学和免疫学教学和科研达40年,在低温生物学方面有突出贡献
段元邦	女	白	云南罗平	滇桂黔边区游击纵队罗盘支队二十一团政治处政工干事、兴义游击团三连政治指导员	1950年在坚守兴义将台营战斗中荣立一等功,被授予"女战斗英雄"称号
谢家祥	男	汉	贵州兴义	贵州省武术协会主席、省体育总会委员、省老年人体育协会常委、常务副秘书长	被中华人民共和国体育运动委员会授予"新中国体育开拓者"荣誉勋章

姓名	性别	民族	籍贯	工作单位及职务	主要事迹、贡献或荣誉
熊耀辉	男	汉	贵州兴义	昆明工学院党委书记、云南省讲师团党委书记兼团长、高级政工师	主要从事党的思想政治工作
吴照伟	男	布依	贵州兴义	贵州省商业厅副厅长	对全省商业市场需求变化、商品销售的规律、市场信息预测等有全面的分析研究
张光伦	男	汉	贵州兴义	黔西南布依族苗族自治州民族师专校长、州人大常委会副主任	获"全国优秀教师"称号
王家耕	女	汉	贵州兴义	西南民族学院化学系教授、化学系无机教研室主任、四川省化学化工学会无机化学委员会理事	从事无机化学教学34年,获3次教学质量优秀奖,发表论文多篇
吴庆藩	男	汉	贵州兴义	贵阳铁路分局贵阳医院五官科主任、眼科副主任医师	"气冷式二氧化碳白内障摘除器""眼科显微手术系列针管"获省级成果奖
包继寿	男	汉	贵州盘县	中学语文特级教师、盘县特区教育局副局长	总结了"六二二三"教学法:六备、两讲、两练、三积
王惠业	女	汉	贵州兴义	贵州省计生委主任、党组书记,省委委员	曾获全国"三八红旗手"和省先进教育工作者称号
程兴仁	男	汉	贵州兴义	国家劳动部劳动科学研究所高级工程师、硕士研究生导师	参加完成的"导弹推进剂A型防护服研制"等课题获国家、省部级奖励

续表

姓名	性别	民族	籍贯	工作单位及职务	主要事迹、贡献或荣誉
彭家荣	女	汉	贵州兴义	贵州省田径运动队教练	多次打破省女子5项全能纪录,被国家体委授予"田径运动员健将"称号
王胜业	男	汉	贵州兴义	黔西南布依族苗族自治州政协主席	扎根黔西南,从基层干起,对黔西南的政治、经济、社会做出了突出贡献
曾继业	男	汉	贵州兴义	加拿大海洋科学研究所化学部研究人员、海洋学博士	主要从事环境污染与质量评价、全球二氧化碳循环与气候研究
罗远航	男	布依	贵州贞丰		2005年贵州省高考理科状元

注:校友包括曾就读于原笔山书院、高等小学堂、县立兴义中学、省立兴义中学的学生。

图书在版编目（CIP）数据

兴义一中史话/王甫尤、王必盛主编. —北京：社会科学文献
出版社，2014.10
（中国史话）
ISBN 978 - 7 - 5097 - 6434 - 3

Ⅰ.①兴… Ⅱ.①王… ②王… Ⅲ.①中学 - 校史 - 兴义县
Ⅳ.①G639.287.33

中国版本图书馆 CIP 数据核字（2014）第 201205 号

"十二五"国家重点图书出版规划项目

中国史话·文化系列
兴义一中史话

主　　编／王甫尤　王必盛

出 版 人／谢寿光
项目统筹／宋月华　谢　安
责任编辑／王玉霞

出　　版／社会科学文献出版社·人文分社（010）59367215
　　　　　　地址：北京市北三环中路甲 29 号院华龙大厦　邮编：100029
　　　　　　网址：www.ssap.com.cn
发　　行／定制出版中心（010）59366509　59366498
　　　　　　市场营销中心（010）59367081　59367090
　　　　　　读者服务中心（010）59367028
印　　装／北京鹏润伟业印刷有限公司

规　　格／开　本：889mm×1194mm　1/32
　　　　　　印　张：4.625　字　数：100 千字
版　　次／2014 年 10 月第 1 版　2014 年 10 月第 1 次印刷
书　　号／ISBN 978 - 7 - 5097 - 6434 - 3
定　　价／25.00 元